科学发现之旅

信息的通道

陈积芳——主编　　陈皆重 等——著

图书在版编目（CIP）数据

信息的通道/陈皆重等著. —上海：上海科学技术文献出版社，2018

（科学发现之旅）

ISBN 978-7-5439-7697-9

Ⅰ.①信… Ⅱ.①施… Ⅲ.①信息技术—普及读物 Ⅳ.① G202-49

中国版本图书馆 CIP 数据核字（2018）第 161299 号

选题策划：张　树
责任编辑：李　莺
封面设计：樱　桃

信息的通道
XINXI DE TONGDAO
陈积芳　主编　陈皆重　等著
出版发行：上海科学技术文献出版社
地　　址：上海市长乐路 746 号
邮政编码：200040
经　　销：全国新华书店
印　　刷：常熟市文化印刷有限公司
开　　本：650×900　1/16
印　　张：13.75
字　　数：132 000
版　　次：2018 年 8 月第 1 版　2018 年 8 月第 1 次印刷
书　　号：ISBN 978-7-5439-7697-9
定　　价：32.00 元
http://www.sstlp.com

"科学发现之旅"丛书编写工作委员会

顾　问：叶叔华
主　任：陈积芳
副主任：杨秉辉
编　委：甘德福　严玲璋　陈皆重　李正兴　张　树　周　戬
　　　　赵君亮　施善昌　施新泉　钱平雷　奚同庚　高海峰
　　　　秦惠婷　黄民生　熊思东

（以姓氏笔画为序）

目录

- 001 | 飞入寻常百姓家——电报通信
- 007 | 电话是怎样接通的——电话通信的基本原理
- 012 | 电话号码趣谈——电话号码的排列组合
- 017 | 智能咨询员——"114"查号与"排队"理论
- 021 | 传真机
- 025 | "妙手仙子"——多路传真系统
- 029 | 现代电话通信网的心脏——程控交换机
- 035 | 让世界更加丰富多彩——程控电话新业务
- 041 | 薄薄卡片沟通天下——电话卡
- 045 | 信息传输的通道——线缆
- 050 | 相会在万里星空——会议电话与会议电视
- 054 | 电话世界里的千里眼——来电显示
- 058 | 无线市话——"小灵通"
- 063 | 信息以无形包裹的方式传送——ATM 技术
- 067 | 寻呼业务的过去、现在和将来
- 072 | 你有问题我来解——呼叫中心
- 076 | "一呼百应"的无线调度专家——集群通信
- 080 | 临危不乱显神通——微波通信
- 084 | 东山再起显身手——短波通信
- 088 | 通向碧海深处的信息窗口——长波通信
- 092 | 大是为了小，多是为了少——移动通信基站与天线
- 097 | 全球用户最多的数字移动电话技术——GSM 系统
- 102 | 军事技术民用化的范例——CDMA

- 106 | 手机虽小，五脏俱全——手机组成原理
- 111 | 更上一层楼——模拟网、数字网、三代网的不同复用方式
- 116 | 短距离无线通信的"小精灵"——蓝牙技术
- 121 | 小小屏幕里的多彩世界——彩信业务
- 125 | 手机支付业务
- 129 | 无线通信与互联网相结合的雏形——WAP
- 133 | 打开信息时代的大门——互联网
- 138 | 互联网的入口——ISP
- 142 | 网络世界的地址——IP地址
- 146 | 互联网的检票方式——网络的接入和认证
- 151 | 信息高速公路上的交通规则——互联网通信协议
- 156 | 网络快车——ADSL技术
- 160 | 互联网世界的电子地图——搜索引擎
- 164 | 信息时代的马其诺防线——防火墙
- 168 | 网络世界的"110"——互联网应急中心
- 172 | 互联网上电话号码的桥梁——ENUM
- 177 | 家庭网络多媒体——IP TV
- 182 | 迷人的信使——"伊妹儿"（E-mail）
- 186 | 踏网而行，传遍天下——网络传真
- 192 | 编织企业成功之网——MPLS-VPN虚拟专网
- 197 | 城市的信息高速公路——城市信息主干网
- 201 | IPv6：下一代互联网协议
- 205 | 下一代网络——NGN

飞入寻常百姓家——电报通信

电报的发明和应用是19世纪30年代的事，先于电话，被认为是现代通信的鼻祖。曾经是邮电部门专营的一项主要业务，有过一个多世纪的辉煌时期。但是到了20世纪80年代后期，电报业务以平均每年20%左右的速度下滑。到了21世纪初，电报业务量已剧减到高峰时期的1%，其中多数还是礼仪电报。传统的电报已淡出市场。有人说是因为电话的发展挤压了电报，其实不然，是因为电报进入了家庭，成为一种个人通信方式。这是科学发现由浅入深、技术发展由初级到高级、业务应用由专业到普及，电报融入了其他新兴的通信方式，是历史的必然。

从技术发展的历史来说，电报经历了人工收发报、自动收发报、电传打字机三部曲。

人工收发报就像描述 20 世纪中期战场通信或谍报人员秘密联络的电影镜头所表现的那样：报务员头戴耳机，手按电键，再配以"嘀嗒嘀嗒"的声音。电键是发报设备，耳机是收报设备。发报方按下电键，接通电源，收报方的耳机就发出声音。通电时间短的，发出"嘀"的声音；通电时间长的，发出"嗒——"的声音。人工收发报机的工作原理与结构虽是十分简单，但已具备了现代通信技术的两大要素：硬件与软件。电键与耳机以及电源是硬件，"嘀嗒嘀嗒"的电码是软件。对于电报的发明与发展，软件是至关重要的。

电码的发明者是美国职业画家莫尔斯，所以又称"莫尔斯电码"，它是由"嘀"和"嗒——"两个长短不同的符号组成。如字母"A"的电码是"·—"，读作"嘀嗒——"，又可称为"点·划"。一点为单位长度，一划等于三点；点划间的间隔距离等于一点；字母或数字间的间隔距离等于三点或一划。组字与组字间的间隔距离等于五点。这些就是莫尔斯电码的标准。字母 B 的电码是"—···"，字母 C 是"—·—·"，详见莫尔斯电码符号表。其中 S 的电码是"···"，O 的电码是"———"，SOS 的电码是"···———···"，很有规律，又容易记住，所以 SOS 的电码被称为国际通用的求救信号。

使用人工收发报机具有灵活方便、机动性强的优点，不足之处是实时通信，联络双方必须同步工作。又因人的精力有限，难以长时期连续工作，也容易发生差错。

为此，经过技术改造，就有自动收发报机的诞生。

自动收发报由凿孔机、自动发报机和波纹收报机三种设备组成。

凿孔机是将需要发送的电码以凿出圆孔的形式"写"在专用纸条上的一种设备。垂直的两个圆孔为短信号"嘀"，倾斜的两个圆孔为长信号"嗒——"。

自动发报机是根据凿孔纸条上不同的圆孔符号转换成长短不一的电信号并传送给收报方的一种设备。垂直的两个圆孔转换成为一个短的电信号"嘀"，倾斜的两个圆孔转换为一个长的电信号"嗒——"。

凿孔机与自动发报机是发报局使用的配套设备。

波纹收报机是根据自动发报机发来的长短不同的电信号用波纹形状的墨迹记录在纸条上的一种设备，顶部呈尖峰状态的为"嘀"，顶部呈水平状态的为"嗒——"。

凿孔机、自动发报机、波纹收报机三者都是以机械结构为主的、

▲ 人工收发电报
▼ 莫尔斯电码符号表

字母	符　　号	数字	大 打 符 号
A	·—	1	·————
B	—···	2	··———
C	—·—·	3	···——
D	—··	4	····—
E	·	5	·····
F	··—·	6	—····
G	——·	7	——···
H	····	8	———··
I	··	9	————·
J	·———	0	—————
K	—·—		小 打 符 号
L	·—··		
M	——		
N	—·	1	·—
O	———	2	··—
P	·——·	3	···—
Q	——·—	4	····—
R	·—·	5	·····
S	···	6	—····
T	—	7	——···
U	··—	8	———··
V	···—	9	————·
W	·——	0	—————
X	—··—		
Y	—·——		
Z	——··		

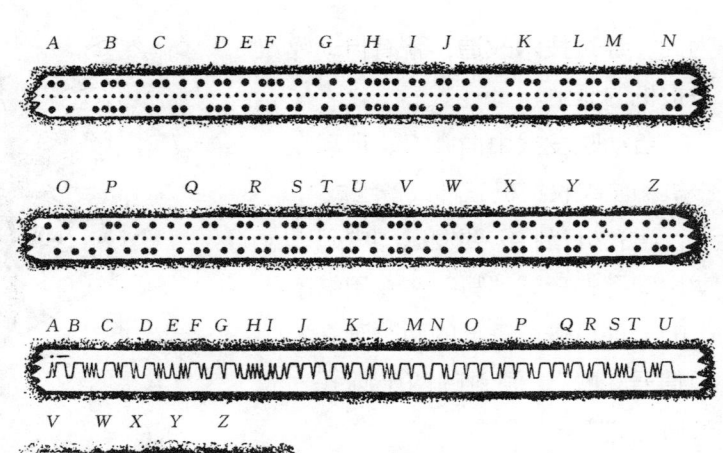

▲ 用凿孔机凿出的圆孔符号
▼ 波纹符号

▲ 波纹收报机
▼ 电传打字机

机电结合型通信设备。它们结构精密，动作灵巧，体现了通信科技的先进性。

使用自动收发报机的好处是需要传递的文字内容事先用凿孔机的形式记载下来，必要的时候由自动发报机发送，波纹收报机处于自动状态，即可自动收报。它无须全程值守，工作灵活机动，收发报速度快，是人工收发报的 5 倍以上，又可连续长时期工作，差错少。只是它收到的波纹符号仍需人工翻译，效率受到影响。

电传打字机，简称电传机，是一种能按照打字方式直接拍发和收录电报报文的通信设备。外表与打字机很相像，功能是收发报合一。如发报方在电传机的键盘上按下一个"A"字，远在千里之外的收报方的电传机的打字结构就自动打印一个"A"字，好似遥控打字，丝毫不差。操作方便，快速高效。

电传打字机的机械结构和动作原理比自动收发报机大大提高了一步，可以说是达到了登峰造极的程度。电传机之所以有如此好的性能功效，除了硬件上的原因外，软件方面的变革也是一个重要原因。与莫尔斯电码不同，电传打字机采用的是"五单位电码"。它由五个"有"与"无"的电脉冲组成。五单位电码用现今的信息理论来说就是五位二进制数字。"有"代表"1"，"无"代表"0"。"A"字的代码是11000，"B"字的代码是10011，C是01110。五位二进制数共有32个状态，除分配给26个英文字母外，余下的为跳行、升格、回车、数字、字母、空白共6个动作指令。电传打字机的"五单位电码"表，见下图。

▼ 电传打字机的五单位电码

为了适应中文通信的需要，我国研究制订了"中文电码"。中文电码由4位阿拉伯数字代表一个汉字。如"信息科技"四个字的中文电码是"0207，1873，4430，2111"。这样，发报局将每个中文字译成一组4位的数字，一篇中文电报报文就成为一长串的数字。将这一长串的数字用电传机发往收报局。收报局收到后，再将数字翻译成汉字，还原成一篇中文报文。这其中已经采用了数字技术，尽管还是初级阶段。由此可以说，电报不仅是现代通信的鼻祖，还是数字化时代的先驱。

如今，电报虽已淡出市场，但并没有消失。从

"用电信号传递文字的通信方式叫电报"这个定义来说,现今手机的短信,电脑的电子邮件都是电报的升华版本。只不过过去是有急事、要事才使用电报,且因电报以字数计费,写电报报文是惜字如金。而如今是任何人、任何时间、任何地点都可用升华了的电报沟通信息。电报成了一种个人常用的通信方式了。"旧时王谢堂前燕,飞入寻常百姓家"。这就是科学技术给人们带来的恩惠。

(施善昌)

 知识链接

美国历史上最后一封电报

2006年2月6日美国西部联盟公司宣布,停止电报业务。由于越来越少的人使用电报,这个消息竟然足足被人忽略了一个星期之久,才引起公众媒体的注意。

据西部联盟公司透露,最后10份电报的内容包括生日祝福、对死者的哀悼和一次紧急事件通知。其中,不少发电报的人并非忠实的电报拥趸,是冲着"发出美国历史上最后一封电报"而来的。

美国西部联盟公司创建于1855年,当时电报是先进、流行的通信手段,后来被称为"维多利亚时代的互联网",该公司也是美国最后一个提供电报服务的公司。

电话是怎样接通的——电话通信的基本原理

电话拉近了人与人之间的距离，不论两人相距多远，只要拿起电话很快就可以听到对方的声音，了解到对方的近况。电话为什么能够如此神奇呢？让我们从一个打电话的实例来看看到底是怎么接通的，了解一下电话通信的基本原理。

上海的一位中学生李强通过互联网认识了美国中学生珍妮，经过几次网上聊天，他们觉得仅仅是文字已经不足以表达自己的想法，更想听听对方的声音，因此他们相互给对方留下了电话号码。圣诞夜李强想起了远在美国的网友珍妮，想要祝她圣诞快乐，因此他拿起电话打给珍妮。

李强要和珍妮通过电话进行通信，最直接的方式就是通过一条电话线路将他们两人的电话机直接连接起来。

但是要在所有像李强和珍妮这样的电话用户之间都建立起这种直线连接是无法实现的，因为这种直线连接需要的线路数量是以用户数量的几何关系倍增的。另外这种直线连接也是不必要的，因为不是所有的电话用户都同时需要通话，只有部分用户之间同时在进行通话，因此可以根据主叫一方的要求，在需要通话的时候完成与被叫用户之间通话线路接续的任务，这就是电话交换技术。自从 1889 年美国人史端乔发明了自动电话交换系统以来，电话交换技术已经历多次变革，从最初的话务员人工完成交换，发展到现在由交换机完成的程控交换技术了。

电话交换机要实现对电话的接续，就需要接收到相应的控制指令来触发交换机进行相应动作，比如识别用户的电话是挂机状态还是摘机状态，被叫用户的电话是忙还是空闲。这些指令有两类，一类是在用户电话与电话交换机之间传递的指令，这类指令主要完成检测用户状态、发送和接收用户拨打的电话号码，控制交换机向用户发送的各种信号音，比如拨号音、忙音、回铃音等。另一类指令是在交换机之间传递的，主要完成接受和转发电话号码以及交换机之间相互控制等功能。

通常情况下，交换机每隔一段时间就会检测一次用户的状态，以检测用户是否拿起电话要进行拨打。这个时间间隔是非常小的，以至于用户一拿起电话就能听到拨号音，感觉不到有这么一个时间间隔。当李强拿起电话机时，交换机检测到他拿起了电话机就向他送来拨号音并通知交换机的相关功能部件作好接收电话号码的准备。

当李强开始拨号时，如果他使用的是老式的号盘电话机，就像我们在老电影中看到的那种数字分布在圆形号码盘上的电话机，电话机就向交换机发送一串断断续续的电流信号来表示珍妮的电话号码。如果他使用的是现在常见的按键式电话机，则向交换机发送由两个不同频率组成的电流信号，不同频率的组合显示珍妮的电话号码。

交换机在收到李强拨打的电话号码后，首先分析珍妮的电话是否在它下面。如果珍妮也是这个交换机下的用户，交换机就控制相应的交换部件完成李强和珍妮之间的电话线路接通功能。同时交换机检测珍妮的电话机是否空闲，如果珍妮的电话机空闲就向她发送振铃信号通知她有电话打来。另外交换机还向李强发送回铃音通知他等珍妮接听电话。当珍妮用户拿起电话接听时，她所在的交换机就停止向她送振铃音，同时通知李强所在交换机停止向李强发送回铃音。他们开始通话，一个局内通话的电话接续工作就完成了。如果此时珍妮正在打电话，交换机就会检测到她的电话机所处

的状态,向李强发送忙音通知他珍妮的电话正忙着。

若交换机通过分析珍妮的电话号码知道珍妮不在这个交换机下面,就根据她的号码进行路由分析。分析的结果有两种:一种是珍妮所在的交换机与李强所在的交换机之间存在直接联系;另一种是珍妮所在交换机与李强所在的交换机之间不存在直接联系。

对于前一种情况,李强所在交换机就与珍妮所在交换机直接建立联系并利用在交换机之间传送的指令将被叫号码传送给被叫珍妮所在交换机。再由珍妮所在交换机检测,重复相同交换机下用户的功能,当他们之间开始通话后,两个直连交换机之间的电话接续完成。当他/她挂机时,一方交换机就通知另一方交换机发送催挂音,通知用户挂机。

因为李强和珍妮之间通话是跨越国界的,属于国际长途,需要分别由中国和美国的国际长途交换机将他们所在的交换机连接起来,这属于后面一种情况。

李强所在交换机通过分析电话号码知道这是一个国际长途,交换机与中国的国际长途交换机之间建立联系并将李强所拨打的电话号码转发给它。这个国际交换机再与美国的国际长途交换机之间建立联系,美国的国际长途交换机收到珍妮的电话号码后,经过分析与珍妮所在交换机建立联系并把珍妮的号码传送给它。最后由珍妮所在交换机完成线路接续、状态检测、振铃、回铃工作。当珍妮拿起电话机时,经过连接一个跨多个交换机的电话接续工作就完成了。

当通话结束后,交换机就将他们之间的线路资源释放,一个完整的打电话过程就结束了。

(王常安)

电话技术常识

在人们的相互交往中,最常见的方式是语言交流,电话成为现代人最常用的交流工具。美国科学家贝尔在研究中发现,假如对着铁片讲话,声音就会引起铁片振动,在铁片后面放置绕着导线的磁铁,铁片振动时,会在导线中产生时大时小的电流,这个波动的电流沿着线路传送到对方,使对方的磁铁同样振动,就可将声音传到对方。1876年3月10日,贝尔完成了这个装置,开创了人类通信史上一个新的时代。

电话号码趣谈——电话号码的排列组合

1876年美国人亚历山大·格雷厄姆·贝尔发明了电话，使得人们不用出门就能相互交流。电话发明之初并没有电话号码，人们打电话时直接说出对方的姓名，由电话接线员接通电话。1879年底，马萨诸塞州发生流行性麻疹，很多人都病倒了。一位内科医师想到一旦接线员病倒就会导致全城电话瘫痪，因此提出以阿拉伯数字代替人名。接线员根据用户号码与电话对应关系接通电话。当某个接线员病倒时，其他人可以很容易接替他的工作，从此以阿拉伯数字表示的电话号码出现并沿用至今。

经过100多年的发展，电话从最初的人工交换发展到现在的程控交换，电话种类也发展到包括固定电话、小灵通电话和移动电话（手机）等。与电话对应的电话号码也可以分为固定电话号码、小灵通电话号码和手机电话号码。

小灵通作为固定电话的延伸，它的号码编排规则与固定电话的编排规则一样，都遵循国际电信联盟制定的《国际公共电信编号规划》。电话号码由国家码（中国为86）、城市码（即长途区号，如北京为10，上海为21）以及用户号码三部分组成。其中用户号码部分通常又分为交换机局号和客户号两部分，比如电话号码54018888，5401为该电话号码所属的交换机局号，8888是客户号，客户号通常采用4位号码组成。

根据国际电信联盟制定的《陆地移动台的识别规划》，移动电话号码由国家码、国内目的地码和用户号码三部分组成。其中移动电话的国家码与固定电话、小灵通电话的一样；国内目的码也叫作网络接入号码，如中国移动为135～139、中国联通为130～133；用户号码包括了3位移动业务本地网的归属寄存器号码和5位移动客户码。现在互联网上很多网站提供的手机归属地查询功能就是根据手机号码中的归属寄存器号码进行判断的。比如手机号码13916812345，其中139为国内目的地码，也是中国移动的网络接入号码；168为移动业务本地网的归属寄存器号码，12345是移动客户码。

另外还规定首位号码为"0"的号码为国内长途号；第一、二位为"00"的号码为国际长途号；首位号码"1"为特种业务（如"110"匪警电话、"119"火警电话等）、新业务（如"168"声讯台）及不同运营商（如中国电信与中国移动）网间互通的首位号码。

用户在拨打电话时，根据主叫与被叫所属的国家和地区又可以分为本地呼叫、长途呼叫和国际呼叫三种。本地呼叫是主叫和被叫用户在同一国家的同一个地区，如拨打本地固定电话和小灵通用户，就直接拨打被叫用户号码，例如54018888（以8位号码为例）；如呼叫本地移动网用户，则拨网络接入号码+移动网用户号码，例如拨叫中国移动用户，则拨13916812345。

长途呼叫是主叫与被叫在同一个国家的不同地区。如呼叫外地固定电话用户，需在用户号码前加拨长途字冠"0"和长途区号，即"0"+长途区号+本地电话号码；如用固定电话呼叫外地移动网的用户，则拨"0"+网络接入号码+移动网用户号码。但是移动用户之间进行长途呼叫时，则不需要加拨长途字冠"0"，直接拨网络接入号码+移动网用户号码就可以了。

国际呼叫是指主叫和被叫处于不同国家，呼叫固定电话或小灵通电话时，主叫用户拨号时需要首拨国际长途字冠"00"+国家码+城市码+用户号码；呼叫移动电话时，主叫用户拨号时需要拨国际长途字冠"00"+国家码+网络接入号码+移动网用户号码。

经过多年的发展，电话已经非常普及，2003年全国电话普及率已经达到45.2部/百人，北京、上海的电话普及率更高达140多部/百人。相应的对电话号码的需求量也非常大。固定电话和小灵通号码已经从20世纪80年代的5位经历了几次升位，直辖市、省会城市及一些大城市大都升位到8位号码,其他中小城市也都升位到7位号码。理论上8位电话号码可以提供1亿部电话所需电话号码,这对于任何城市来说都足够了。手机电话号码也同样经历了从7位用户号码到8位号码的升位,加上国内目的地码,手机电话号码总长11位。

阿拉伯数字表示的电话号码在电话发展之初起到了方便电话接续、推动电话发展的积极作用。但它的缺点也很明显,那就是无规律、可记性差。随着电话号码升位,这个缺点变得更加明显。科研人员一直在研究弥补这些缺点的方法,比如一些重要客户选择有规律的阿拉伯数字作为电话号码或者将一些重要电话用较少位数的阿拉伯数字表示(如110、112等)。

这些解决方案都是在以阿拉伯数字作为电话号码的基础上进行的,无法从根本上解决问题。要解决这个问题,需要打破现在的电话号码编号规划的限制,允许使

用英文字母甚至汉字作为用户的电话号码，这样就可以使用户的姓名、所在地名或者公司名称作为电话号码，方便人们记忆和拨打。这样的编号方式有可能在下一代电话网络中实现，到时你的朋友只需要输入你的名字就可以接通你的电话，方便、简单、快速。

（王常安）

智能咨询员——"114"查号与"排队"理论

只要"114"智能咨询员受理了用户的查询,知道用户所寻找电话的户名,就能通过计算机系统搜寻,找到用户想要的电话号码,并自动报给用户。简单的操作,蕴藏着复杂的"排队"理论。

如同我们到银行存、取款领取一张号码条,然后坐下等候,各个业务窗口会按序叫号办理金融业务一样,114查号工作也有类似于这样的"排队"。不同的是,114查号台要在一定时限内快速响应,完善处理。20世纪80年代"114"查号是人工服务,话务员人人能背诵上万个电话号码,并在十秒内快速回答用户的查询,被人称为"活电话本"。每个话务员根据繁忙程度负责1~8根话务线路,高峰时如果8个线路同时呼叫,一个一个处理下来就快不了。这些话务流量的统计和我们经常看到的道路交通流量是一样的。每个用户通过电话机拨打114就好比向电话局提出了查号申请，经过各个电话局汇总到114受理台，再分配到各个座席（窗口）受理，每个座席有一名话务员同时负责8条线路。

为此，114计算机查号系统内专门设计了排队机。这一智能设备，负责将汇总过来的查号电话（呼叫业务）逐一分配到各个窗口，并根据忙闲及座席的情况，进行调度和安排，使每个电话都能得到迅速的响应和服务。中央处理机在处理每一个电话时也根据其使用频繁程度和行业类别分为常用户名和各种分类进行分别处理，力求达到快速和高效。负责这些处理的程序（计算机软件）是按照一定的算法来进行，也就是我们数学上说的"排队理论"，这些算法和逻辑数学是查号系统的灵魂。如果有机会参观一下114查号呼叫中心就会知道所有的呼叫中心都是由ACD（自动呼叫分配系统）、IVR（交互式语音应答系统）和CTI（计算机电话集成技术）三部分组成。

其中，ACD由排队机和ACD软件构成。排队机又叫前置交换机，它与整个电话网相连，负责接收所有客户发来的呼叫。ACD的基本功能是成批处理来话呼叫，并将这些来话按照规定路由传给具有类似职责或技能的各座席业务代表（114话务员）。各座席业务代表分别组成"连选组"，来话则按照"先进先出"的次序分配给"最空闲的话务员"。话务员全忙时，ACD软件可自动计算出客户所需等待的时间，向客户送录音通知，负责排队的前置交换机具有与电话网的话路和信令接口，并能够使用电话网提供的各种增值业务，如对于每一次呼叫，均能显示客户的主叫号码。在 ACD 软件上可根据主叫号码将客户划分为金牌客户、银牌客户和普通客户，并提供不同级别的服务，当然这也可以通过事先以同时录音方式提问的办法来解决。

IVR——交互式语音应答系统，实际上是一个"自动话务员"。客户可利用音频电话或语音输入信息，从 IVR 中获得预先录制的数字或合成语音信息。IVR 技术处在不断发展过程之中，最初的 IVR 系统只是播放预先录制的语音信息，后来又加入了合成语音信息功能，目前，先进的 IVR 系统可提供语音识别、语音信箱以及将文本和电子邮件转化为语音的功能。

前置交换机将呼叫接入后，可将其转到 IVR 系统，通过 IVR 系统与客户的交互，ACD 系统可获得更多与呼叫者有关的信息，这有助于 ACD 系统准确无误地将呼叫分配到相应的座席（业务代表）。同时，ACD 系统根据预先设定的条件也可将客户接到 IVR 系统，由 IVR 系统直接为客户提供服务。

CTI 技术使电话和计算机系统实现信息共享。电话通信以传输和交换语音为主，计算机则是以处理数字化信息为主，CTI 技术融合了两大技术优势，利用计算机强大的信息处理能力和数据库等，将语音和数据服务融合为一体。

由于查号中心每月接受上百万个来电，高峰期来电总数可达每小时 4 万次以上，为应付如此庞大的话务量，查号中心需要在各个环节上下功夫，在上述三个组成部分中，我们除了需要根据查号呼叫中心的规模和呼叫量来选好局用交换机平台和计算机服务器、数据库之外，还要设计和安排好电话网与 114 的接口——自动分配呼叫分配系统。因为最大的瓶颈就是发挥排队机作用的 ACD 软件。能够达到高效快速的 ACD 软件其原理和交通道路控制是完全一样的，如果把 ACD 软件称为交通警察也是可以的。

随着电话网容量的增大，电话数量的增多，查询的次数，即查号量也必然大大上升，这也是一个与时俱进的过程。如果电话数在千门以下，那么只要几个话务员拿着电话本就能解决；当电话数超过十万门时，就需要计算机及其软件来处理；对于上百万门规模的城市电话网来说，每天平均呼叫已超过 50 万次以上，只靠 ACD 软件的排队理论也无法解决，这时，一个计算机查号系统已经很难承担全部处理业务，就需要有更多的系统和受理台来完成工作量。

（应启亮）

传真机

传真与电报的作用相似。但是电报只能传送消息的内容,传真可通过电话线、微波、卫星等线路发送图像资料,并在接收端重新产生精确的复制件。

传真技术早在19世纪40年代就已经诞生,比电话发明还要早30年。它不是人们有意探索新的通信手段的结果,而是从对电钟的研究中派生出来的。1842年,苏格兰人亚历山大·贝恩(Alexander Bain)研究制作一项用电控制的钟摆结构,目的是要构成若干个互相连起来同步的钟。他在研制的过程中,敏锐地注意到一种现象,就是这个时钟系统里的每一个钟的钟摆在任何瞬间都在同一个相对的位置上。从中他获得灵感,研制出了"自动电化记录通信装置",在1843年获得专利。大家知道,图像放大后可以清楚地看到一个个黑的和白的点,这就是像素，是构成图像的基本元素。贝恩装置的构想是：发信板采用涂有绝缘漆的金属板，但要将图像黑的部分的漆去掉，以利通导电流。收信板采用贴有电解性记录纸的金属板。收发装置上的钟摆带动触针做周期性摆动，同时对发信板进行扫描。当钟摆摆动时，触针沿发信板左右移动，接触到没有绝缘的金属部分时，电流通；与此同时，触针将电流引至收信板，使记录纸发生化学反应后呈现黑色。摆子每次摆到两端时，齿轮转动一齿，使发信板和收信板同步下降同样的距离。用这样的方法就可在收信板上录下与发信板完全相同的图像。这个最初的实验结果自然是很粗糙的，但它却有力地证明了实现传真的可能性。

1906年，德国物理学家阿瑟·克恩研制出第一台光学传真机。20世纪30年代，传真机经多次改进后终于获得实际应用，当时它的主要用户是各大报社。

1974年，随着人们对信息需求的提高及电子技术的发展，美国人研制出世界第一台电子传真机。由于电话线是用来传输音频信号的，直接传输数字信号比较麻烦，因此必须对数字信号进行转换，转化成音频信号进行传输，这就是调制，在接收端再对音频信号进行反向转换成数字信号，这就是解调。将调制解调的概念用于线路传输，从而使速度、清晰度有质的飞跃。

目前使用的传真机传输1张A4幅面（210毫米×296毫米）文件只需要1分钟时间，主要一是提高了信号传输速率，二是引入了数据压缩的技术，对图像数据进行压缩。先将模拟图像信号经模拟/数字变换成图像像素信号，然后采用一种长度不相等的编码对图像的像素数据进行压缩，也就是用最短的编码对应最常见的图像信号，最长的编码对应最少见的图像方式，例如文件中最多的是全白，因此它的编码最短，文件中最少的是全黑，因此它的编码最长，这称之为霍夫曼编码方式，由此方法使每幅图像需传送的数据大大减少，提高传真机的速率。

现代传真机可以分为热敏纸和普通纸2种，热敏纸传真机采用了美国的一项发明——热敏印字技术，使传真纸遇热会变成黑色，传真机的打印头是由一排微小的电热元件组成的，加热和冷却的速度达每秒300次以上，通过热敏打印头将热敏纸上的热敏材料熔化变色，生成所需的文字和图形。这种技术由于打印头体积小，成本低，性能可靠，因此在传真机上非常普遍，并且广泛应用于超市、商场收银机上的票据打印，但是热敏纸有个致命的缺点，就是不易保存，在光的照射下会逐渐褪色，要保存的话还需要复印，非常麻烦，因此又发

展出了普通纸的传真机。普通纸传真机可以分成激光式和喷墨式2种，激光式普通纸传真机是利用碳粉附着在纸上而成像的，其工作原理主要是利用机体内控制激光束的一个硒鼓，凭借控制激光束的开启和关闭，从而在硒鼓产生带电荷的图像区，此时传真机内部的碳粉会受到电荷的吸引而附着在纸上，形成文字或图像图形。喷墨式传真机是由微小的电极加热墨水，墨水受热膨胀，气化，从细孔里喷出，由步进马达带动喷墨头左右移动，把从喷墨头中喷出的墨水依序喷在普通纸上完成打印的工作。

20世纪八九十年代是传真业务发展最快的时期，虽然随着电脑技术和Internet（因特网）的发展，大量的文件都通过E-mail（电子邮件）传输，传真机的使用越来越少，但是传真机可以传输图像资料的特点仍然是非常显著的，因此传真机还是有继续存在的价值。

（秦　斌）

无线通信

无线通信是指采用无线信道进行通信的方式。从无线通信所采用的信号来分，主要有：无线电波、红外线、激光通信。从无线电波的传播方式来分，主要有：卫星通信、微波通信。

"妙手仙子"——多路传真系统

1913年,法国科学家爱德华·贝兰发明了世界上第一部手提式图文传真机,它能将文件和图片逼真地发送到目的地。从此传真作为一种能同时传送图像、文字的通信手段被广泛使用。

随着社会的发展,市场竞争日益激烈,工作节奏加快,工作压力增大。普通传真机在日益频繁的使用中,暴露出一些缺点,工作效率不理想,而快捷迅速的信息传递是把握市场先机的重要手段。人们希望能有这样的助手,它就像神话故事"哪吒闹海"里的哪吒一样,长着三头六臂,能独当一面,及时掌握各种信息。其实这个助手已经出现,它就是"妙手仙子"——多路传真系统,它融计算机、网络、传真等技术于一体,是新一代的传真系统。

我们先来了解普通传真机，简单地说，它是这样工作的：在发送端先用一束强烈的光线逐点逐行地照射文字或图像文件，由于文件上各个点的黑白深浅不同，它所反射的光也就有强有弱。经过光电转换把不同强弱的反射光转换成强弱不同的电流。这些电流被放大后，经过通信电缆或无线电传送到接收方。接收方用这些电流控制收信记录器，并在纸上记录下文件。

那么，我们的"妙手仙子"又是如何工作的？它是在传真机的基础上发展而来的，通过建立网关（即在互联网和公共电信网之间架起的一座桥）将公共电信网上的传真信号和互联网上的数据包进行相互转换，出色地解决了以下问题：

首先是从计算机发送文件到传真机。用户在计算机上使用专用传真软件建立传真文件，通过互联网把传真发送给专用传真服务器，传真服务器接收传真后，通过网关拨通与公共电信网连接的传真机并发送传真。

其次是从传真机发送文件到计算机。将传真机和网关连接，并经网关发送传真到传真服务器，由传真服务器接收传真后转发给目的地（一般是用户的电子邮件）。

最后是从传真机发送文件到传真机。将传真机与网关连接，通过公共电信网传送传真，网关接收传真后通过互联网传至目的地的网关，目的地的网关再通过公共电信网将传真发送给接收端传真机。

和传统的传真机相比，我们的"妙手仙子"有许多神奇的功能：

一、多路传真功能。可以支持多路传真，最多可有128路传真同时进行收、发，还可以根据需要灵活扩展。

二、自动群发、定时发送功能。局域网用户只要选择了传真接收人和要发送的文件后，就可以通过作为传真服务器的计算机自动发送出去。还可以同时发送多个文件，设置传真发送的时间段，让计算机在某个时间段内将传真发送出去。

三、设置发送优先级。用户在发送传真的时候可以设置传真文件的优先级。计算机在发送传真的时候，根据传真文件的优先级从高到低来发送传真文件。

四、发送失败后自动重发。用户可以设置失败重发的次数，在发送传真的时候，如果对方占线无法拨通，系统将自动重拨。如果多次发送，传真文件还未发送出去，系统将发送提示消息给用户。用户可以使用定时发送功能，设定传真发送的时间段。

五、传真记录自动存档。计算机在收发传真的同时能够将传真记录保存到数据库中。

六、密码设置功能。系统具有双重保密方式。作为传真服务器的计算机上有密码，用户的传真信箱也有密码。

从传真机到多路传真系统是一个质的飞跃，多路传真系统既具有了传真的通信功能又能发挥计算机先进的存储、处理能力，它具有以下优点：费用低、保密性强、工作效率高。

随着国际互联网络的高速发展，多路传真系统的功能更加丰富，适用范围更广。如气象台在预测到灾害性天气发生后，运用该系统可以将情况立即同时传送到相关部门，节约了大量的时间，为抗灾、减灾争取了宝贵的时间。

目前，我们的"妙手仙子"已经在公安、司法、政府机关、会展中心、气象台、大型企事业单位大显身手，很受用户的欢迎。

（马慧敏）

 **知识链接**

传真—计算机通信

是由传真机、通信适配器、PC-FAX接口、相应软件和计算机组成的系统。该系统可实现传真机和计算机之间的通信和信息的传递，主要包括以下内容：本地传真和远程传真输入计算机；计算机录入和传真机之间的互通；计算机向传真机输出图文资料；利用传真通信实现远程文件信息的计算机处理和传输；传真加密通信（用计算机加密）；传真机文件的打印和显示。利用传真—数据转换功能，便可有机地结合传真通信与数据通信，大大提高两者的效用。

现代电话通信网的心脏——程控交换机

玩过"使命召唤"游戏的人都知道有这样一个情节，苏军小分队在渡过伏尔加河后，遇到了纳粹德军的猛烈阻击，苏军伤亡惨重，这时一个画面出现了，苏军小分队利用电话向司令部汇报了情况，并请求炮火支援，刹那间炮火轰鸣，打得纳粹德军节节败退。这是电话应用于现代战争的一个典型案例。现在，电话是人们使用最多、最为普及的通信工具。那么，电话是如何完成通信的呢？其实，为了让你同你的朋友打通一次电话，在电话通信网上有许多设备参与了工作，其中，一个称为"交换机"的设备功不可没，而且成为整个通信网的心脏。

美国人亚历山大·格雷厄姆·贝尔在1876年发明电话时，是把人们讲话的声音转换成连续变化的模拟电信号,然后把这模拟电信号直接放在一对金属线上传输到达对方,对方再把电信号还原成声音。也就是说,要有一对电话线把两个电话机连接起来才能进行通话。因此,当有多个话机要互相进行通话时,很自然我们会想到每两个话机要用一对线路连接起来,如下图(a)所示。很快你会发现,这样做会有一个问题,就是当话机数增加时,连接的电话线将迅速增加。想想看,要是在你家中需要接入许多根电话线,而且打电话之前还要从一堆电话线中找出属于通往你朋友家的那根电话线,再连接到你的话机上,多麻烦呀!

于是,人们想出了一个好办法,如左图(b)所示。在用户分布的密集中心,安装一个设备,这好比是一个开关矩阵,用户通过矩阵的交叉接点各个相连,这些交叉接点平时是断开的,当任意两个用户之间需要通话时,设备就能把连接两个用户的电话线接通,在学术上,我们称这个工作为"交换"。这种设备就叫作电话交换机。有了交换设备,在电话用户家中,只要一对电话线就可以了。

话机的连接方式▶

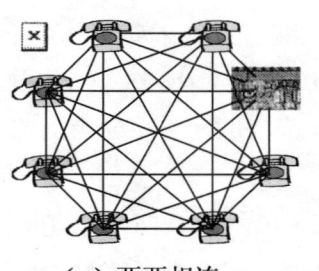

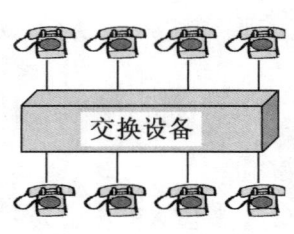

(a)两两相连　　　　　　(b)通过中心设备相连

最初的电话交换机完全是人工的,要有一个接线员一直等在交换设备旁,根据发话者的要求,把电话接到他要通话的话机上。自从美国人阿尔蒙·B·史端乔研究发明了自动电话后,电话交换进入了一个崭新的自动交换时代。有意思的是,史端乔研究自动交换的初衷,并不是出于要改进人工接续的不方便,而完全另出有因。他原来是美国堪萨斯城一家殡仪馆的老板。他发觉,电话局的接线员不知是有意还是无意,常常把原本应该打到他那里的生意电话接到他的竞争者那里,使他丢掉了多笔生意。为此,他大为恼火,发誓要发明一种不要话务员接线的自动接线设备。功夫不负有心人,1891 年 3

◀ 电话交换

月 10 日，他成功地研究出了一种能自动接线的交换机，并获得了发明专利。

在过去的 100 多年里，根据电话交换机交换方式的不同，自动交换技术已从最初的步进制和旋转制，到后来的纵横制，发展到现在的程控交换方式。

程控交换就是由电子计算机控制的一种方式。它是利用电子计算机技术，用预先编好的程序来控制电话的接续工作，通常由话路设备和控制设备两部分组成。

使用过电脑型全自动洗衣机的人一定知道，在洗涤之前，你首先要通过洗衣机面板上的按键，在高水位、中水位还是低水位，强力漂洗、还是柔和漂洗等等项目之间做出选择。其实，你的这一系列选择过程就是在给全自动洗衣机中的电脑编程，告诉它，接下来应如何洗涤。当你按下开始键后，电脑就控制洗衣机的进水阀、滚筒、马达等，按照你刚刚输入的程序进行工作。一个程控交换机的控制部分，就好像洗衣机中的电脑，按照编制好的程序控制话路设备工作；而话路设备就好像洗衣机的进水阀、滚筒、马达等，是具体任务的执行者。也就是说，在通话中，真正把你的声音交换到你朋友那里去的是话路设备，而控制设备只是指挥话路设备对于该次通话应从哪里交换到哪里。

当然，实际情况不是如此的简单。当一台程控交换机从工厂出厂之前，在控制设备的微电脑中已经储存了由工程师们为交换机编写的计算机程序。这些程序除了能指挥话路设备进行话音交换外，还有许多完成通话接续的能力，比如能从电话线上检测用户的摘机和挂机状态，从而就可以知道电话用户什么时候要打电话，什么时候通话结束；在确认用户摘机后，能控制话路设备给该用户送拨号音。之后，还能从电话线检测并接收用户所拨的电话号码，从而就知道这个电话要打到哪里去。接下来就可以指挥话路设备为该次通话准备话路同时给所要的那个用户振铃等等。这些能力对每台程控交换机来说是基本的，每台都要具备。

但有了这些基本功能，在通信网上还不能正常使用，就好像在洗涤之前，我们还要给洗衣机编程一样，程控交换机在电话通信网上投入运行之前，还需要电信公司的技术人员给控制设备编程。比如，要根据这个交换机在电话网中所处的位置，给每根电话线分配电话号码；要根据你的要求，设置不同的业务属性，如是否要长途，长途又分国内长途和国际长途，以及其他程控新业务等。这样，交换机才能知道那电话线的号码是多少，或者这个电话号码对应的是哪根电话线。

电话线是连在程控交换机的话路设备上的。话路设备实际上是一种交叉接续切换设备，它能在控制设备的控制下，把连接在上面的任意一根电话线接续到另外一根电话线上，以完成电话交换的功能。根据话路设备接续方式的不同，程控交换又分为"空分"和"时分"两种方式。所谓"空分"，就是用户在打电话时要占用一对接续线路，也就是要占用一个空间位置，一直到打完电话为止。而"时分"，是到了电话通信数字化后才出现的，也是目前最流行的方式，它能够使多个打电话的用户共享一对接续线路，也就是说，用户通过分时的方式使用话路设备中同一对接续线路，这样就极大地提高了线路利用率和设备的容量。

1970年，法国开通了世界上第一部采用时分复用技术和大规模集成电路的程控数字交换机。随后世界各国都大力开发这项技术。进入20世纪90年代，程控数字电话交换机在世界上得到大规模使用和普及。

尽管电话交换机有多种不同的交换方式，但它们在电话通信网中实现的目标是一样的，也就是要完成电话用户之间的信息交换，这是人们进行电话交流的目的所在。因此，交换机是整个电话通信网的心脏。现在，交换技术不仅应用于电话通信，而且还广泛应用于其他信息交换领域。

(殷月明)

让世界更加丰富多彩——程控电话新业务

当你进入电信公司营业厅的时候，你能见到诸如"缩位拨号""热线服务""呼出限制""闹钟服务""呼叫转移""遇忙回叫""免打扰""呼叫等待""三方通话""主叫号码显示"等各种业务介绍，教你如何申请和使用这些业务。这些就是程控电话新业务。可以说，程控电话新业务让人们第一次看到电话通信网不仅能用来打电话，还可以为人们的工作、学习和生活提供许多帮助。同时，也让电信运营商看到了一个新的业务收入来源。如今，在这个家族中，又新添了智能网、宽带上网等新一代的业务。

程控电话新业务是指接入程控交换机的普通电话，除满足基本的通话功能外，还具有多种通信功能。使用程控电话新业务不需增添任何设备，只需一部双音频电话机，按照正确的步骤在自己的话机上依次按键，就可以轻松使用丰富多彩的程控电话新业务。

有心的读者一定会问，为什么叫程控电话新业务呢？在程控以前的电话网上为什么就不能提供这些业务呢？

大家知道，在过去100多年电话通信网的发展过程中起到重要作用的自动交换技术，经历了从机电制到程控的转变。机电制，顾名思义，就是依靠机械结构或电子设备来控制交换机话路设备接续工作的一种自动交换方式。由于其内在的特性，决定了这样的交换机能做的事情非常单一，无法胜任复杂的工作。例如，根据你拨的号码是几，它就控制或指挥机械臂转动几格，当你通话结束，挂上话机时机械臂再回到原来的位置等这些简单的工作。而程控，就是用计算机控制的交换机，它是以预先编好的计算机程序来控制交换机的接续动作，它的本领比以往的机电制交换机强百倍。

这完全是计算机的本事。计算机俗称电脑，人们可以把想让计算机做的工作，用计算机认识的语言，以指令的形式，编成一段工作顺序列表，再输入到计算机中，计算机就会按照你编的顺序开始工作。这个工作顺序列表就是常说的计算机程序。因此，电信工程师们只要编写各种各样的与交换机相关的计算机程序，并输入到程控交换机的计算机中，就可以使这台计算机按照人们的要求来控制交换机的呼叫接续工作。而交换机中实现程控电话新业务的那些程序，就是专门为程控电话提供新业务而编写的。

程控交换机所有的电话呼叫接续中完成的步骤，都是由计算机软件（程序和数据）控制的。通过设计程序、修改数据，就可以灵活地扩充交换机的功能，而不像人工交换机或机电制的交换机那样，制造好后功能就很难改变。程控电话新业务，都是靠灵活多样的计算机程序控制来实现的。一直难以解决的电话计费的问题，在程控交换机中也迎刃而解了。交换机中的计算机，能根据用户每次通话的起止时间，按照一定费率计算出通话费用，自动打印单据，作为向用户收费的依据。

下面，以"呼叫转移"为例，来说明程控交换机是如何实现这个新功能的。

首先，要为交换机编写一段处理"呼叫转移"的程序。要写这段程序，必须要了解这个业务的要求，即该业务是如何使用的。"转移呼叫"业务提供了这样的一个功能，可以将所有呼叫你话机的电话，自动转移到你临时指定的话机上。"呼叫转移"也可称为"电话跟我来"。

有了这段程序，交换机中的计算机基本上就知道应该如何去处理这个新业务了。但是，光有这段程序还是不够的，还要设计一套用户使用该业务的规则。也就是说，要让电话用户告诉程控交换机什么时候要为他启动"呼叫转移"功能，要转移到哪个电话号码上。由于电话机本身的局限性，能提供给用户与程控交换机交互的手段仅仅是通过拨数字串。例如，用户通过拨"＊57＊电话号码#",通知程控交换机为这用户激活"呼叫转移"功能,其中跟在"*57*"后的"电话号码"就是用户要求转移到的临时电话的号码。拨"#57#",就是通知程控交换机取消这个功能。

这一套拨号规则,也必须在上述的那一段程序中体现出来,不仅要准确地接收这些数字串,而且还要分析这些数字的含义,如"*57*"代表呼叫转移业务激活,"#57#"代表呼叫转移业务取消。根据含义的不同,计算机对该电话的处理方法也不同。如果是激活,计算机在数据库中为这个用户做个标记,以便在有电话来时,进行呼叫转移的处理。

这样,针对"呼叫转移"的一套程序和业务的使用规则就设计好了,用户也知道了如何使用这个业务,再把程序输入到程控交换机的计算机中。那么,程控交换机的计算机就可以按照上述我们事先编制好的程序开始工作了。

现在来模仿一下它的工作过程。在自己家里的电话上,摘机听到拨号音后拨出"*57*58541240#"一串数字,其中58541240假定是在你隔壁家里的电话号码。上面所述的那段程序接收这串数字后,它首先分析这串数字。从前面四位数字"*57*"得出,用户要激活"呼叫转移"功能,该程序就进入与呼叫转移业务激活相关的处理程序。要从接收的数字串中取出在"*57*"和"#"之间的数字,这就是你要临时转移到的电话号码。再把它储存在数据库中,同时在数据库中打上一个标记。

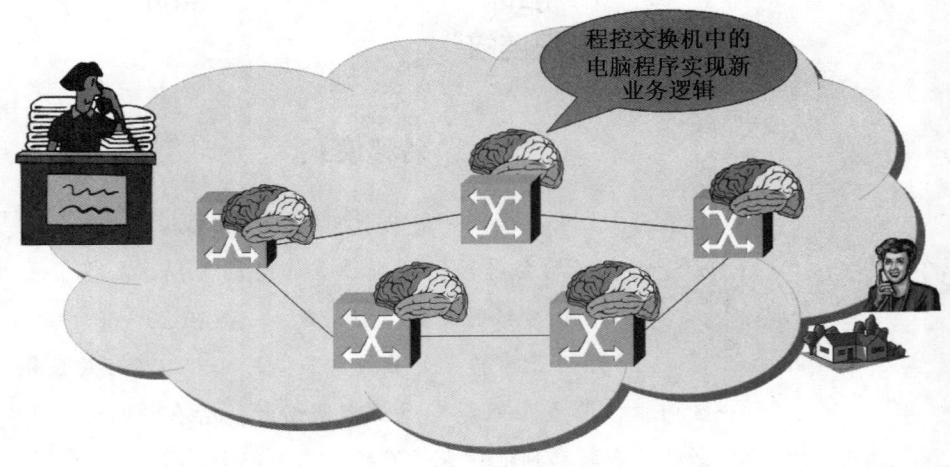

几分钟后,你的朋友给你家打电话,交换机再次进入刚才的那段程序。此时你的电话在通话接续过程中处于被叫的角色,所以,这段程序首先要去数据库,检查你的指示"呼叫转移"功能的标记,发现该标记是激活的,程序从数据库中取出你刚才存入的临时转移到的电话号码,把你朋友打来的这个电话接续到那个号码,即你隔壁家的电话上。这样就完成了呼叫转移的功能。

"呼叫转移"功能是众多程控电话新业务中一个比较简单的业务,实现程控电话新业务的程序也只是整个程控交换机中全部程序的冰山一角。可以想象,一台程控交换机需要的程序有多少,为了编写这些软件,我们的电信工程师要付出多少的心血和劳动!

(殷月明)

 **知识链接**

转移模式

（1）无应答转移　用户手机振铃如果无人接听，那所有呼叫电话均会转移他预先设置的电话号码上。根据手机型号不同，响铃时间不完全一致，一般在30~60秒。

（2）不可及前转　如果用户手机关机、未在有效服务区内、信号差而不能实现正常通话时，所有呼叫他的电话就均会转移到他预先设置的电话号码上。

（3）遇忙前转　也叫占线转移，如果用户正在通话的时候，那么所有呼叫手机的电话均会转移到他预先设置的电话号码上。

（4）无条件前转　即全部来电转移，呼叫用户手机的来电能全部转移到他预先设置的号码上而手机不发出铃声。

薄薄卡片沟通天下——电话卡

电话磁卡是第一代电话卡，是用特殊磁性材料和聚酯薄膜压制而成，正面（图案面）一般印有初始面值，磁卡插入方向和各种图案，有些卡的边上还有一小缺口，这是方便夜间使用，而设置的导盲口，背面（磁性面）贴有的磁带或涂覆的磁性材料上存储有磁卡金额和防伪密码等信息，卡上有多个磁轨，用于记录信息。

磁卡需配备专用的磁卡电话机才能使用，一般磁卡电话机由"通话部分""主控部分""读卡器"和"电源部分"以及牢固的外壳组成。当用户按磁卡面上标明的箭头方向，把磁卡推入磁卡电话机上的磁卡口后，即被传送到磁记录再生系统，由磁头作数据的读取及写入，这时话机屏幕上立即显示出该磁卡中的金额数字，并提示拨号音，用户就可以拨号通话了。同时磁卡磁条上的信息将感应成相应宽度的脉冲数字信号，利用计算机技术，采用微处理方法对此脉冲数字信号进行接收、量化处理，然后再进行译码，解译成计算机可识别的 ASCII 码，利用通信技术传输给电话交换机。磁卡电话的通话时间是从对方摘机应答开始计算，按通话分钟逐一扣除卡上话费。通话双方只要有一方挂机，磁卡电话机就会把剩余的金额存入磁卡中，屏幕上显示余额，磁卡自动退出。有的磁卡电话机还在磁卡上打孔，表示磁卡上的余留金额。在通话过程中，如果磁卡中剩余的金额不够一分钟的通话费用时，电话机会自动发出告警声音。

随着磁卡应用的不断扩大，有关磁卡技术，特别是安全技术已难以满足越来越多的对安全性要求较高的应用需求。在磁卡上应用的安全技术，如水印技术、全息技术、精密磁记录技术等安全性已大为降低。同时，由于磁卡本身结构简单、存储容量小、无内部安全保密措施等，使其容易被破译。曾出现过用非法手段对旧磁卡重新充值的伪卡，这种伪卡曾使日本电信一年损失数十亿日元。

为避免磁卡中伪卡带来的损失，1983 年斯伦贝谢公司运用 IC 技术，在法国里昂安装了世界上第一台 IC 卡电话机。该电话机采用 IC 卡通话。IC 卡即集成电路卡，使用集成电路芯片，是实现数据存储和处理的新一代卡技术。1970 年由法国人罗兰·莫雷诺将可进行编程设置的 IC 集成电路芯片镶嵌在塑料卡片上制成的。最早以 F256 芯片为代表的第一代预付费 IC 电话卡，采用电擦除的可编程只读存储器技术,最大计费容量为 160 个单元,安全性低。到后来采用更先进的 EPROM(可擦可编程只读存储器)技术,计费单元达 3.2 万个,抗静电保护达 4 000 V,可防止运输密码个人化前被非法使用,具有防抽卡标识区,可最大限度地防止通话过程抽卡误写单元,可存储分布密钥,用以对卡片的有效性动态认证,从技术上保证了芯片不易被复制。现在我们在马路电话亭内看到的黄色卡式话机,就是 IC 卡电话机。使用时,首先提起话筒,听到蜂音的同时,可见到话机电子屏显示"请插卡"的文字提示,这时将 IC 电话卡带芯片的一面朝上,按箭头的指示方向插入话机读卡器处,当 IC 电话卡插到位时,IC 卡机接口通过电极触点将卡的集成电路连接,话机屏幕提示"请拨号"并显示 IC 电话卡内存余额,就可以拨打电话了,同时芯片开始工作。

第三代电话卡有 IP 及各种智能电话卡,即电话卡不需插入话机,只需在普通话机上输入接入码,按语音提示操作拨打电话。它是利用原有通信网络,通过互联网或智能网技术进行通话。如 IP 卡电话是按国际互联网协议规定的网络技术内容开通的电话业务,利用互联网作为语音传输的媒介,从而实现通信的一种全新通信技术。IP 电话系统一般由话机、网关和网络管理者组成。话机是指

通过电话网络连接到本地电信网的电话终端。网关是将两个使用不同协议的网络段连接在一起的设备，它的作用就是对两个网络段中的使用不同传输协议的数据进行互相的翻译转换，完成语音压缩、寻址与呼叫控制等功能。网络管理者负责用户注册与管理，对用户身份确认，验证卡号与密码，保证收费正确。而智能卡（200、201、300）是在原有通信网络基础上，设置附加通信智能网络平台，使网络由单纯地传递和交换信息，逐步向可存储和处理信息的智能化发展。通信智能平台一般由 SSP（业务交换点）、SCP（业务控制点）、SDP（业务数据点）等组成。业务交换点实现呼叫处理功能和业务交换功能，业务控制点是智能网的核心功能部件。接受 SSP 送来的查询信息并查询数据库，进行各种译码，业务数据点它是智能网的数据库，存放各种用户和网络数据以及业务数据等，供 SCP 实时查询、修改。随着计算机技术在通信领域的应用，电信部门又开发了除打电话外，其他不同功能的电信卡，如可以充值的充值卡、可以交纳电信费用的易付卡，可以上网的上网卡等，名目繁多，不下数十种，电信卡是个"大家族"名不虚传。

（王纯道）

信息传输的通道——线缆

车辆必须在道路上行驶,信息必须在线路上传输。传输信息的线路多种多样,是一个庞大的家族,我们择其"之最"予以介绍。

最富故事性的线路为:铁路道轨、玻璃套管、大地回路。

有人曾经用铁路的两根钢轨代替电话连线,铁路钢轨本身是两根金属导线,如果试验能成功,可省许多安装专用电话线的人工和费用。只是试验以失败告终,原因一是钢轨的电阻太大,信号衰减严重;二是两根钢轨直接与大地接触,它们之间的绝缘性能不理想,用它们作为电话连线,通话时噪声太大,使人受不了。还有人为了解决导线的绝缘问题,曾经用玻璃套管作为绝缘层,中间穿铜线。玻璃是良好的绝缘材料,符合电学原理。

但是玻璃很脆、易碎、不能随意弯曲，这个试验在实际工作中也是行不通的。再是，在电话发展史上，曾经有过一个时期是用单线回路来传输信息的。一根金属导线，另一根借用大地。大地是导电的，可节省一根导线。但是用单线回路通话，杂音很大，再有串音干扰，严重影响通信质量，不久之后也被淘汰了。

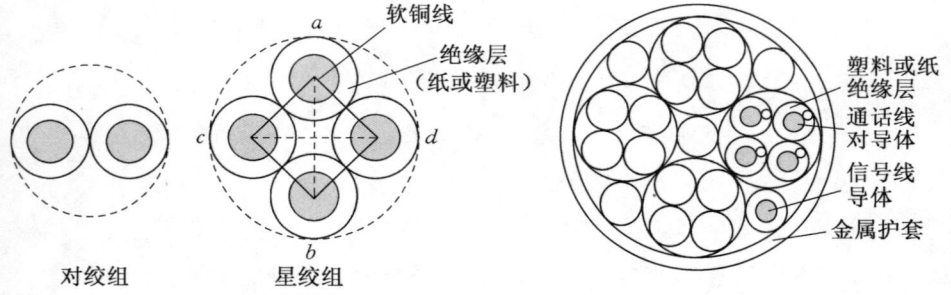

最为常见的线路为：金属对线、通信电缆。

金属对线可以是裸线，但相互间必需保持一定的距离，以免短路。早在1877年，架空明线正式用于电话通信。架空明线一般用铁质导线，用弯螺脚直接架设在木质电线杆上。后来线对增多，就用线担和直螺脚架设。直到20世纪80年代，我国不少地区，主要是农村，仍在使用架空明线。随着通信事业的不断发展，特别是电话业务的发展，明线线路越来越不适应通信的需要，于是建成了电缆传输系统。

单根为线，多股为缆。虽然最早的电缆是用于电报传输的电报电缆，并且先于明线，是先有电缆后有明线，但现在我们最常见的是城市电话电缆。早期的电话电缆采用树脂绝缘，质量差、成本高。后来采用纸质绝缘，外面用铅皮包裹，这就是铅包纸隔电缆。最大的电缆线对容量可达 3 000 对之多，即一条电缆可连通 3 000 部电话。20 世纪 50 年代初，由于塑料工业的发展，开始应用高分子聚合物塑料作为通信电缆的绝缘与护套材料。

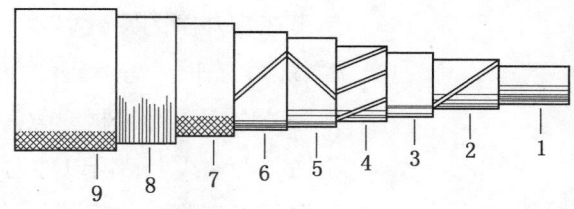

▲ 海底电缆
1. 铜线内导体 2. 铜带
3. 聚乙烯绝缘层 4. 外导体 5. 钢绑带 6. 聚乙烯绑带 7. 油浸麻层
8. 钢丝铠装 9. 两层油浸麻

可能大家有所不知，部分塑料是老鼠和其他小动物的美味佳肴，所以往往是在塑料外再加保护层，有铅-聚乙烯电缆、钢-铅-聚乙烯电缆等。电缆根据不同的安装方式可分为架空电缆、管道电缆、直埋式电缆和水底电缆等多种。根据不同的芯线结构可分为对绞组、星型四线组等多种。根据不同的缆芯结构可分为同心层式、单位式等。

"常见"还应该要"常新"，才是符合事物发展的规律。现在城市里不少居民家庭接进了一根白色圆形的连线，这就是有线电视的同轴电缆，同轴电缆是由一根中心导线（内导体）和一根

▼ 同轴电缆

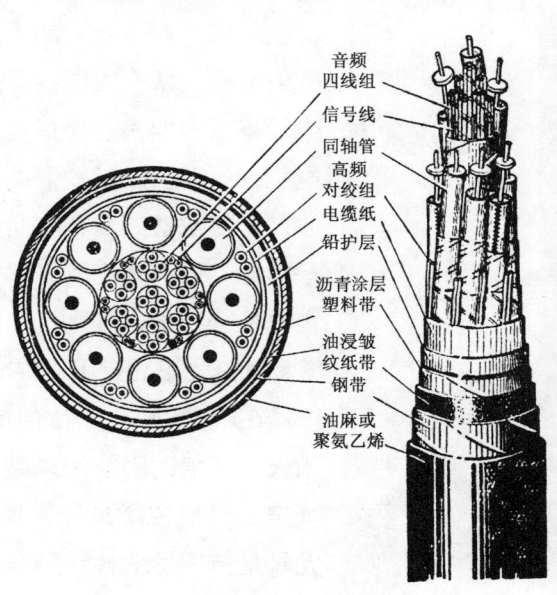

包裹在它外围的圆管导体（外导体）组合而成的信息传输载体。有时外导体是由金属丝网或金属薄膜构成。内、外导体之间用绝缘材料隔开。因中心导体和外导体的圆心在同一轴线上，所以称为"同轴电缆"。同轴电缆是一种专用于高频电信号的传输线。过去多数是应用于长途载波通信，是电信局与局之间的连线。现在已进入了寻常百姓家，只是家用的同轴电缆比较简单，局用的同轴电缆结构较为复杂。

最富想像力的线路为：无线信道。

通常的理解是：广漠的天空任由无线电波传播，漫无规律，但实际工作中，无线电波的传输就像飞机在空中必须顺着航道飞行一样，也有路径可循的，这就是"无线信道"。在无线信道中，有长波地表面波传播、短波电离层反射传播、超短波和微波直射传播，以及各种散射传播。从无线电信号的发射端和接收端之间的传输路径来看，地表波是指发、收两端间沿地球表面传播的电波；反射波是指发射端发出后经过反射到接收端的电波；直射波是指发、收两端间直接传输的电波；散射波是指像电灯泡发出的光线照射四周的情况那样——可见光也是一种电磁波。灯光照亮四周就是散射传播。只是普通的灯光不适宜用于传输信息而已。

在不同的无线信道中传播的电波会因遇到各种障碍和大气环境的影响而衰减，也会因受到各种干扰而产生噪声。直射传播是较为理想的一种无线信息传输方式，尤其是抗干扰的性能最强，只是在电波传播过程中仍会因为辐射能量的扩散而衰减——这就是微波通信中继站必须具备把信号放大、增强、起到接力作用的客观原因。

最庞大、最坚实的线路为：海底电缆、海底光缆。

海底电缆、海底光缆主要用于国际、洲际的长途通信。海缆从海底通过，要解决防水、防腐、防外力损坏、防压等问题。如在水深1 000米的海底，压力为100个大气压，最深处可达600个大气压以上。又如船锚、渔网往往会把海缆拉断，造成通信阻断和严重损失。海缆的内、外导体之间全部用绝缘性能优越的高压聚乙烯填实，外面用钢丝铠甲包裹，十分坚实。同时，海缆还要解决自动增音问题。海缆在海底要穿越数百上千千米，传输的信号会严重衰减，必须像接力赛似的，每隔一定距离放大、增强一次，一条1 000千米长的海缆，中途要设立几十个自动增音站，为此，海缆体内还得包括电力输送线等内容，结构复杂而庞大。在水深数百米的海底对海缆故障检测和修复是极其困难的事，劳民而伤财。可靠性、持续性是衡量海缆技术性能的一个极其重要的指标。

现代社会，信息一刻也不能中断，所有用于通信的线与缆，犹如信息流通的血管，我们每个人都有责任让它畅通。

（施善昌）

相会在万里星空——会议电话与会议电视

有了电话，万水千山，不再障碍。通过电话，人们可以相互诉说、交谈，但遗憾的是只能在二人之间。俗语说"二人谈话，三人成会"，很多时候，办事和商量问题需要用会议方式解决，甚至更多的人来参与。我们知道，有各种各样的会议，大到整体范围的代表大会，小到几个人相聚的碰头会。因此，会议电话应运而生。我们可以召开电话会议来节约成本，让不便于集中的与会者通过电话来参加会议，省时省钱，提高效率。我们知道交换机走过了人工交换，自动机械交换和电子程控交换的历程。20世纪70年代，上海的郊县通信还在采取人工交换方式进行时就出现了会议电话，其使用方法也较简单，只需把郊县交换设备的相关塞绳的两端插头连到一起即可。那时上海市政府和农委经常用会议电话向郊区十个县布置工作。后来上海市电话局市郊分局每天定时为市气象局向各县的气象台发布和交流信息。20世纪80年代开始应用程控交换，会议电话也相应发展成由软件控制，通过人机对话方式输入相应的计算机参数就可利用会议电话软件在专用设备上迅速完成会议电话的调度和控制，使用相当方便。其解决办法就是在电话网的心脏——交换机中增加一个并接功能。原先通电话时，交换机根据拨号连通二个用户的电话线。召开电话会议时，则根据会议主办人的要求，预先将参会的用户通过专用交换设备进行接通，让相关各方都能与其他用户交换信息，达到沟通和交流。会议电话模仿了会议的真实情景，拉近了你、我、他的距离。在会议电话专用设备中还设有主席控制和座席发言功能，使主席能主持和掌握会议议程的进展，让参加者畅所欲言，各抒己见。

由于技术的进步，电视的应用，视频技术的诞生，通信传输不再停留在语音处理上，进而发展到可视数据通信，产生了图文电视和交互型可视数据通信。图文电视是单向、开放型的通信方式，使用广播电视的信道，为用户提供有关天气、旅游、娱乐和金融情报等信息。交互型可视数据通信则采用双向、闭合型通信方式，使用电话信道，利用专用终端或配有键盘和适配器的电视机，通过电话网以人机对话方式从资料中心数据库中检索到各种文字数据图像等可视信息。正是由于这些业务和技术的开展和应用，为开拓发展会议电视创造了有利条件。在计算机技术、宽带通信技术、数据处理技术等

各项信息技术的支撑下,让我们不仅能口述耳听方式进行多方的交谈,还能面对面彼此看到对方的表情和动作。与会人员和同在一处聚首一样,一起沟通交流感情,一起探讨研究问题,一起传授切磋技艺,达到了亲历其境的程度。这些技术让远在新疆、西藏的父母、亲属和在上海求学的孩子们,尽管不能手拉手零距离地接触,但能够通过它面对面近距离对话,心连心地欢聚一堂。

会议电话与电视已深入到我们的日常生活中。上海电视台第一财经频道用会议电视业务，实现沪深股市的股评家和主持人之间对话进行股市行情的分析。在中央四台"让世界了解你"栏目里，用会议电视和美、法等国友好城市的市长等嘉宾进行经济发展战略研讨和地域文化交流。会议电视已从国内城际走向国际化。

同样，网上应用的远程教育和远程医疗方面也有会议电话的用武之地。莘莘学子为圆上学之梦，采用上电视大学的方式能聆听各所大学的教授的课程。但如果需要进一步互动式个别辅导，那么最有效的办法就可用会议电话。

总而言之，会议电话与电视都依靠电话通信网，依靠有线的电缆光缆和无线的卫星微波等各种传输技术设备，最终实现多方对话和可视通信，让远在天边，相隔万里的人们期待随时随地见面相会的梦想得以实现。

（应启亮）

电话世界里的千里眼——来电显示

电话发明至今已有130多年的历史，随着我们对电话的熟悉和依赖，对电话的功能要求也越来越多，比如我们希望在电话振铃时，就能知道是谁打来的电话，或者当我们忙得不可开交或不在电话机旁时，也希望知道何时何人给我们打过电话，在这种需求下，"来电显示"业务应运而生。

"来电显示"也称为主叫号码显示，是向被叫电话用户提供的一种新的服务项目，凡具有号码显示功能的电话机或在普通话机上加装来电显示器的，当有电话打入时，即可在来电显示器上显示来电号码、来电日期、时间等信息，它就像电话世界里的透视眼一样，能准确无误地向我们显示这些信息，并可将这些信息进行存储，以便事后查阅。

人类的伟大不仅在于发明了电话，更给电话开发了许多新业务来满足人们对电话新功能的要求。实现来电显示的基本方法是发端交换机将主叫号码等信息通过局间信令系统传送给终端交换机。终端交换机再将主叫识别信息以FSK（移频键控）的方式送给被叫用户终端设备。

当客户申请来电显示功能后，工作人员会在终端交换机上通过输入人机命令，给终端交换机加上特有的标识来表示我们的电话具有此功能。当用户拨打我们电话时，若终端交换机检测到我们的电话空闲，则终端交换机向被叫电话释放铃流信号，即被叫用户的电话开始振铃。在电话第一次振铃后，终端交换机和被叫电话之间连接了一条通路，通过这条临时建立的通路向被叫电话发射FSK信号，这些信号以不同的频率表示"1"或"0"，用若干个"1"和"0"的不同组合代表不同的字符（包括组成电话号码的数字0~9），终端交换机用这些表示数据的"0"或"1"的一串串音频信号通过单边带方式调制发射出去。被叫用户话机把这些信号还原成字符并在显示屏幕中显示出来，客户就知道是谁打来电话了。接下来交换机释放这条通路同时第二次释放铃流信号，也就是电话第二次振铃。

使用过"来电显示"业务的用户，都舍不得丢弃它。原因是当无人接听电话时，来电显示功能会将每个来话的电话号码、打入时间和日期记录下来并存储在我们的话机里，我们可以通过话机来查询这些信息，然后根据实际情况，选中未接的电话号码，通过电话机自带的回拨功能，直接回拨给主叫用户，方便快速，可以轻而易举地避免因为接不到电话而带来的麻烦。而对于一直骚扰不断的广告和不愿接听的电话，可以记住电话号码，追查电话来自何处，必要时可报警。亲朋好友电话号码可以个性化设置，不需要记忆冗长烦琐的电话号码。

市场上有许多具有"来电显示"功能的话机，同时具有根据不同的来电播放不同铃声的功能，等我们购买这种类型的话机再申请来电显示后，就可以进行个性化的设置，给特别的来电设置特别的音乐。对于我们设置过的来电我们可以不看显示屏上的电话号码，光听铃声就能判断是谁来电，如果是自己期待的来电就可以开开心心地飞奔过去接，如果是自己讨厌的来电，理都不用理，从而增添了不少乐趣也减少了不少麻烦。还有就是这种功能非常适合用在共用一台电话机的场合，比如说在家里，可以将电话号码进行分类（爸爸的，妈妈的，子女的），并给不同的类别设置不同的来电铃声，这样只要听电话铃声，就可以知道找谁的，方便了不少。

"来电显示"业务还可以用在电信公司的普通直线电话用户和ISDN用户，涉及范围很广，用于公、检、法、纪检机关、医疗急救部门，来电显示可使这些部门迅速判断来话者身在何方，省去详细询问的时间；商务、服务行业，当我们正在处理一个重要商务计划，而电话却响个不停，我们当然希望知道是谁来电，好使我们决定是否接听，还是继续处理当前的业务。来电显示帮我们灵活处理，不会错过任何拓展业务的机会；家庭用户亦可尽情享受来电显示所带来的一切便利。

另外来电显示申请方便快捷，我们只需去电信营业处申请即可。如果我们原来使用的是普通话机，还需要购买具有来电显示功能的话机或在原有普通电话机上附加配置一个来电显示器。申请完毕，我们很快就能拥有来电显示功能了。

尽管"来电显示"业务已被大范围使用，但对于一些政府部门、商业公司和家庭用户为避免日后麻烦，他们在打电话时，不希望让对方留下自己的电话号码。在此需求下，电信公司又开发了"来电显示限制"业务，即如果这时主叫用户具有来电显示限制业务，那么即使被叫有来电显示业务也无法显示出主叫方的电话号码，可见"来电显示限制"的优先级高于"来电显示"，从而保护了用户的电话号码隐私权。这个业务主要应用于政府、公安等保密性较高的部门，一般单位用户和家庭用户也可以申请使用。

由于"来电显示"具有以上优点及便捷的申请方式，自从电信公司开发了此功能后，每年使用用户都在不停地快速增长中，而且只要使用一段时间后，用户都会赞叹其使用方便和其功能强大。朋友们，相信你也是"来电显示"的用户。

（宋蔚芳）

无线市话——"小灵通"

"小灵通"取小巧、灵敏、通畅的寓意。其实"小灵通"并不是一个技术术语,而是一个广泛流行的市场用语,泛指各类无线市话业务。就技术而言,"小灵通"最早来源于数字无绳电话系统——PHS 系统,后来将它改造后才作为无线市话业务应用的。

"小灵通"是在一个本地网范围内,利用固定网络的资源,结合无线接入技术,实现终端具备有限移动性的固话通信业务。也就是说,"小灵通"的接入是利用无线技术,其后的交换、传输处理还是利用原有固网的通信资源。

PHS 系统的频段位于 1.8~1.9 吉赫之间。无线电波的穿透能力和绕射能力比较弱,所以一般室内覆盖效果不是很理想,需要系统采用改进措施加强室内信号。

基站是"小灵通"网络的重要组成部分,负责网络与用户手机的联系,起到了桥梁和纽带的作用。

"小灵通"网络的所有信令,包括呼叫接续、终端识别和各种操作指令都通过信令传输网传送,然后依靠业务交换控制点来控制各种业务的实现。形象地说业务交换控制点就像人的大脑,控制着"小灵通"整个网络的运作,而信令传输网就像神经系统,将大脑的指令传送到网络的各个部位,同时将反馈信息回送到大脑。

1997年12月,"小灵通"在浙江省余杭市诞生了。从那时起,它就被定位在对市话系统的有效的补充和延伸的技术手段上。所谓补充,就是将固定电话的最后几百米电缆连接逐步改为无线接入,而延伸就是将原来固定电话只能在室内通话的特性,通过无线接入的手段扩大到室外,乃至整个城市。用户只要携带轻便的"小灵通"手机,在网络服务区内可随时随地拨打和接听本地、国内和国际电话。信息通过它传遍千家万户,使那里的人群享受到通信的便捷,真正做到了"带着市话到处跑"。同时,"小灵通"在业务上也已经从单纯的电话发展到实现预付费、短消息、数据上网和定位等一系列新业务,其数据上网速率最高可达到128千字节/秒。

民间流传的顺口溜:"用久了不心疼,打久了不头疼。"这很好地体现了"小灵通"的两大特点:资费便宜、绿色环保。

说到资费便宜,那是显而易见的,"小灵通"和固定电话是一样的,实行单向收费,同时采用与固定电话相

同的费率标准。以固定电话的价格,享受本地移动电话的方便是"小灵通"最突出的特点。

说到环保,由于我们都生活在电磁波的包围中,因此都关心电磁辐射对身体的影响。"小灵通"号称绿色环保,它的辐射到底小到什么程度呢?下面就用具体的数字说明一下。目前,手机辐射的国际参照标准都是 SAR(热辐射量),欧洲 SAR 的标准是 2 W/kg,而中国相对严格,定为 1 W/kg,小灵通只有 0.01 W/kg,我们常用的无绳电话的功率也有约 0.3 W/kg,电视机遥控器则为 0.02 W/kg。在这么低的功率下,"小灵通"手机基本不对人体产生伤害。"小灵通"甚至不会对电视机、收音机、录音机、电脑屏幕产生任何影响,接听手机时,不会产生"咝咝"的噪声,电脑屏幕也不会闪个不停。由于"小灵通"手机的发射功率小,特别省电,待机时间也长。至于基站,到目前为止,"小灵通"使用的最大发射功率的基站也只有 0.5 W/kg,尚不及国家标准的 1/2,而一台微波炉的功率都将近 0.7 W/kg。尽管小灵通基站天线看起来"个头"比较大,却与辐射大小无关,形状只是为了满足波长、传输和覆盖等技术方面的要求。可以说,"小灵通"在技术上最大的优点就是超低辐射、绿色环保。"小灵通"不仅对人体几乎无害,就是对目前任何一种电子仪器设备也均无影响。

任何事情都有正反两面性。正是由于"小灵通"的手机及基站的发射功率极低,每隔数百米就需架设一个基站。在通话过程中,如果在两个基站中间移动,就会出现信号切换,使用者会听到短暂的"嘀嘀"的基站切换信号音,有时可能存在暂时的闪断、停顿等现象。这时不必挂机,通常 1~2 秒后就会自动恢复正常通话。有时在不移动时打"小灵通",也会出现基站切换现象。这是使用者所处位置附近基站较密集,哪个基站信道通畅、信号较强时,"小灵通"手机可能会自动切换到那个基站上,切换时会产生短暂的通话停顿。如果发现基站频繁切换,可转动一下方向或移动一下位置就能解决困扰。同时,由于"小灵通"信号的穿透性不强,在室内的信号可能较弱,需要调整方向或靠近窗边打电话,以获得较好的通话效果。现在也可以通过安装家庭小天线的方法来增强室内的信号强度。另外,在行驶的车内使用"小灵通"时,如果车速超过 60 千米/小时可能会影响通信质量,所以将它定位于"小范围低速移动无线接入"业务。

(钱之宁)

> **PHS 技术**
>
> 是一种数字移动通信技术,属于第二代通信技术。PHS 与 GSM、D-AMPS、DECT 处于同一个技术发展等级,比 AMPS、TACS 等模拟技术先进,而落后于 3G 技术。从无线集站来说,PHS 的空中接口技术并不落后,而且还有自身的特点,特别适于运用智能天线技术来改善无线通信环境和系统容量。

信息以无形包裹的方式传送——ATM 技术

在 21 世纪的今天,"网络"这个名词已经家喻户晓,人们的工作、生活、娱乐都离不开她,她给我们的生活带来了翻天覆地的变化。如果哪天网络瘫痪了,可以断定有许多人,就如鱼儿离开水塘一样,浑身不自在,寸步难行了。

大家已经习惯了在"地址栏"中输入网页名,敲一下回车,用这种方式可以浏览到自己需要获得的信息;在邮箱中输入收信者的 E-mail 地址,输入信件内容,敲一下回车,就可以很快地将信件寄出去;在 MSN、QQ 等即时聊天工具中,也可以很方便地和同事、朋友聊天……但这些信息是通过什么"方式"以最快的速度在网络中共享的呢?也许有些朋友并不是十分了解,今天我就向各位朋友介绍一个在网络中用的非常普遍的技术——ATM（异步传输模式）网络技术。

听到这个名词，你觉得非常高深吧！事实的确如此，这门技术在大学里的相关专业内可以学上一年呢！

电信传送网络是一种公用的通信基础设施，它具有向外部提供各种不同速率的数字传送能力。现在的电信传送网络上已经建立了各种不同业务的网络，如电话网和数字网等。若建立一种可以同时提供多种业务的网络，显然是一个更为经济也更为合理的方法。国际电联经过协调研究，于1988年正式命名ATM技术，推荐其为B-ISDN（宽带综合业务数据网）的信息传输模式。

ATM是一种传输模式，在这一模式中，具有电路交换和分组交换的双重性，信息被组织成信元，就如打成包裹一样。因各个信元不需要周期性出现，因此称这种传输模式是异步的。ATM信元是固定格式的包裹，分两个部分，第一部分完成寻找地址的功能，第二部分，装载用户信息。话音、数据、图像等所有的数字信息都要经过切割，封装成统一格式的包裹，在网中传送，并在接收端恢复成所需格式，可以容易地实现各种信息混合在一起的多媒体通信。

由于ATM技术没有校验功能，在网络上简化了交换过程，减少了时延，实现高速化传输。ATM提供良好的质量保证机制，采用了一些有效的业务流量监控机制，对信息进行实时监控，把网络拥塞发生的可能性降到最低。对不同的业务信息赋予不同的"特权"——即执行优先级制度，根据业务类型和速率的需要动态分配不同的网络资源，这样不同的业务信息在网络中才能做到"和平共处"。而且这样用户占用的带宽相互独立，安全性得到有效保证。

目前，全球已有一定数量的用户使用 ATM，并且数量还在不断增加，有些已有一定的规模。由于 ATM 网络技术的巨大优势，主要是它的高带宽和适用于多媒体通信，把它用作 WAN（广域网）通信的干线，其发展前景是广阔的。在 ATM 网上应用 LANE（局域网仿真）技术，ATM 网络就像是一个局域网，其中包含若干由路由器连接起来的 IP 子网，我们就可以把分布在不同区域网互联起来，在广域网上实现 LAN（局域网）的功能，对于用户来讲，他们所接触的仍然是传统的局域网的范畴，根本感觉不到 LANE 的存在。

LAN 从一个终端接收到信息，它的目的地址是 ATM 网络另一端，用户就发送一个"MAC（规程）-to-ATM"地址转换请求到局域网服务器（LES），LES 发送信息至网络上的其他用户，地址表中含有被叫 MAC 地址的用户做出响应，发送地址转换请求的用户认知这个响应，并得到目的地的 ATM 地址，接着便通过 ATM 网建立一条虚通道至目的用户，用 ATM 方式传送数据。ATM 使用自己的地址方案，通过 LES 地址转换可以把分布在 ATM 边缘的用户之间连接起来。

在 ATM-LAN 中，ATM 网络可看作一个单一的物理网络，如同其他网络一样，人们使用路由器连接所有异构网络，而 IP 协议允许 ATM 网络上的一组计算机像一个独立的局域网一样工作，这样的一组计算机被叫作 LIS（逻辑 IP 子网），在一个 LIS 内的计算机共享一个 IP 网络地址，LIS 内部的计算机可以互相直接通信，但是当一个 LIS 内的计算机要和其他的 LIS 或网络中的计算机通信时必须经过两个互连的 LIS 路由器，很明显，LIS 的特性与传统 IP 子网相似。

由用户端的发出初始化命令，向服务器注册，注册成功后，用户就可以接收或传输数据了。当主机要发送数据时，它使用通常的 IP 选路，以便找到适当的地址，然后把数据发送到相应的网络接口，网络接口软件必须解析出对应目的端的 ATM 地址，通过信令过程建立适合的链路，然后进行传输。用户还要维护地址信息，定期更新服务器上的地址信息和本地的地址信息。在用户传输数据时，它可能同时向许多不同的目的端发送和接收数据，因此必须同时维护多条连接。

LANE 提供与现有协议给网络层提供的驱动相同的服务接口，不需要改变该驱动，在网络层上将局域网接入 ATM 网络，既提高了网络带宽，也提升了网络的性能，这将加速 ATM 的发展和应用。将来通过远程信息传送，使 ATM 直接到达桌面机的技术即可实现。达到这种应用水平，可以说真正实现了超级信息高速公路的境界。

（陈礼杰）

寻呼业务的过去、现在和将来

"有事请呼我",这句20世纪90年代广为流行的口头禅现在已经很少听到了。寻呼机——这一曾以其价格低廉、使用方便而广受人们青睐的通信工具也变得少有人问津了。人们不禁要问,寻呼怎么了?要弄清这个问题,我们有必要先了解一下什么是寻呼。

寻呼属于无线移动通信范畴,它的历史要追溯到1948年,当时美国贝尔实验室研制了世界上第一台称作Bell-boy(带铃的仆人)的呼叫寻呼机。随后又经过各国科学家几十年的开发和研究,寻呼产品渐渐走向成熟和完善。1984年,上海开通了全国第一家寻呼台,标志着无线寻呼进入了中国。

寻呼系统的原理其实非常简单,它由寻呼控制部分、无线发射基站和寻呼机组成,寻呼控制部分与电话交换网相连。主呼人拨打寻呼台的接入号码，通过电话交换网将寻呼信息传给寻呼控制部分，寻呼控制部分将信息进行编码后通过传输线路送到发射基站（传输线路一般指卫星、专线、无线链路等），发射基站通过天线将信息发到空中，最后由寻呼机接收。

与广播电台的广播不同，寻呼机只接收属于自己的信息，而所有收音机接收的广播内容则都是相同的。这是因为每台寻呼机都有自己的地址码（就像每台寻呼机都有自己的身份证一样），在处于开机状态的情况下，寻呼机可以不停地"侦听"空间的无线信号，一旦发现带有自己地址码的信息后，它就会把这条信息接收下来并提醒用户阅读。当然携带寻呼机的用户一定要处在寻呼台发射基站所发射的无线电波覆盖区以内，否则就不能被寻呼到。每个基站覆盖区的大小又与基站的发射功率大小、铁塔高度、天线增益、环境位置等因素相关（一般来说，发射功率越大、铁塔高度越高、天线增益越强、环境位置越好则该基站的覆盖区越大）。

由于寻呼机能够快速准确地传递简单信息，而且使用方便、价格低廉，推出不久就受到了人们的普遍欢迎和认可。在发展初期，能够拥有一台寻呼机还一度成为人们身份的象征。特别是1993年寻呼业务放开经营后，市场竞争机制的引入使寻呼服务功能不断完善、技术含量不断提高，费用不断下降。

进入21世纪，无线寻呼业进入了"寒冬季节"。手机入网费和手机空机价格的持续下降，使移动电话得以迅速普及，这给寻呼市场带来了巨大压力，许多人购买了手机后，就把寻呼机甩在了一边。尤其是出现了更方便、快捷并且更廉价的手机短信业务，更使得寻呼业雪上加霜。手机几乎囊括了传统寻呼的所有功能，"来电显示"将数字寻呼逼上了绝路，"短消息"又将中文寻呼推下了深渊。在迅速发展的手机面前，寻呼业一下子变得黯淡无光。

寻呼业真的变成了"夕阳产业"，已经穷途末路了吗？双向寻呼的出现给寻呼业带来了一线生机。传统的无线寻呼为单向系统，寻呼信息发出后，呼叫者不知道用户是否正确收到信息，而用户收到信息后，若要做出相应的应答，又必须借助电话才可完成。这成为导致寻呼业迅速衰退的致命之处。双向寻呼系统则不然，它的

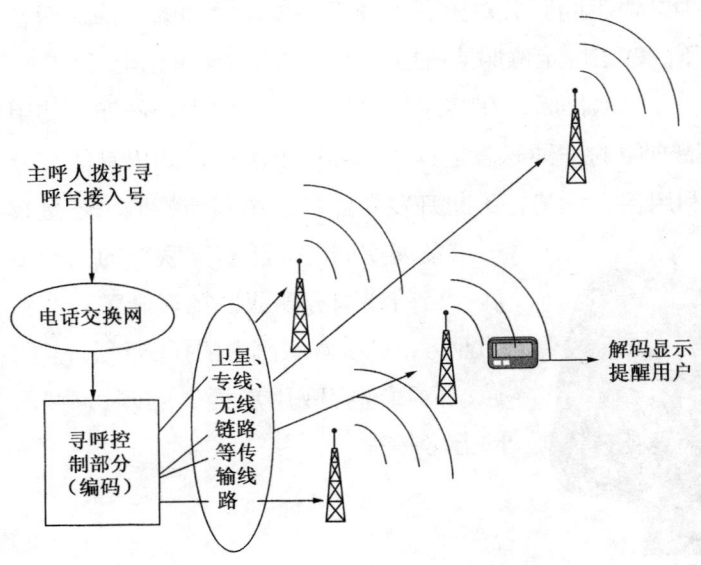

寻呼机不仅可以接收寻呼控制中心发来的信息，而且其本身还具有向控制中心发送信息的功能，也就是说，它是一种具有应答确认的寻呼系统。双向寻呼可以随时随地以无线方式从互联网或信息平台上下载各种信息，如股票、天气预报、旅游航班、新闻娱乐等，也可随时随地收发电子邮件及进行网上聊天。利用双向寻呼网，用户可以对电表、水表、煤气表进行数据采集监控，定制电子广告牌，还可以实现求救报警、火警监控等应急服务。结合其双向定位技术，用户甚至还可以准确寻找到汽车、人员、物品的位置。当然，手机经过系统及终端软硬件的开发和升级也能实现双向寻呼的这些功能，但就其运营成本和推广价格来说肯定会比寻呼要高得多。

事实上，寻呼和手机之争，仅是通信市场高度发展中针对不同服务对象、不同服务需求之间的交锋，两者不同的市场定位保持各自相对独立的发展是完全可能的。

可以推断，在将来，寻呼业作为成本最低廉、使用最方便的一种通信工具，不会马上消亡，如果其能充分利用自身优势，不断开发新业务，拓展新领域，还是有一定发展空间的。随着互联网的飞速发展，目前我国寻呼业已经实施了一些新的业务，如以互联网为依托的网上寻呼、通过网页向寻呼用户提供的网页寻呼、网上秘书等。

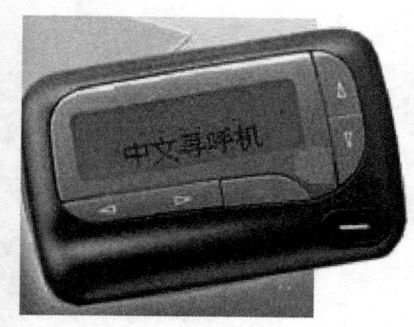

（程　华）

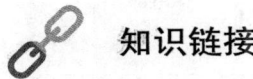 **知识链接**

寻呼机收藏类别

主要可以考虑三大类别：一是摩托罗拉品牌的系列收藏。在寻呼行业中，美国摩托罗拉公司无疑是龙头老大，当初摩托罗拉寻呼机在国内市场的占有率高达70%以上，而且摩托罗拉公司在1993年至1998年这一段时期内，为了满足市场的需求，大量开发寻呼机新款式、新品种，形成了众多系列，代表了寻呼机生产的最高水平和寻呼机时尚的最新潮流。

二是具有特殊意义的品种收藏。例如1993年5月，中国第一台拥有自主知识产权的中文寻呼机由波导公司研发成功，1995年，他们又自行研发成功中国第一台股票信息机，1997年，中国第一台高速汉字机呱呱坠地，仅1998年一年波导就生产销售寻呼机102.4万台，位居国产品牌首位，波导成功起飞，为民族工业在这场寻呼机市场的竞争中争得了一席之地，因此，波导系列寻呼机特别是前面所提到的这些"第一"无疑具有很高的收藏价值。

你有问题我来解——呼叫中心

在日常生活中,当人们碰到问题时,大多数人首先会想到打电话求助。所拨打的热线电话将通过呼叫中心交换机排队系统分配到服务人员的座席电话上。这样一个可以为用户解决问题的服务人员,被称之为座席代表。座席代表是各行各业的业务专家,他们可能来自电信、银行、电力、交通、商业、企业、政府等方面,可以为用户提供业务咨询、投诉、订购、报修等各种服务,解决用户的燃眉之急。

呼叫中心的电话系统和普通的电话系统是不同的。

呼叫中心的电话号码可以是一个号码对应多条电话线路。即使有多个人同时拨打热线电话,只要座席代表在工作就能接通多个电话,使几个人同时得到帮助。普通的电话号码一个号码只能对应一条电话线路,多人同时拨打一个电话号码时只有一人能打通。

呼叫中心产生至今的历史并不长,但它"进化"得却很快。

最早的呼叫中心只是简单的电话和手工记录。随着计算机技术发展,使用字符终端代替了手工记录,即普通电话加字符终端,这是第一代呼叫中心。

第二代呼叫中心伴随着数字程控交换机技术的发展,使电话座席具备了更强大功能,如排队、转接、会议、统计等。呼叫中心专业性更强了,服务水平和工作效率都有很大提高。

第三代呼叫中心已经发展到了将计算机局域网及数据库技术和数字程控交换机集成的程度,这就是我们通常讲的CTI。它能将各种数字信息、语音信息融为一体并能实现信息共享,在支持传统各项功能的同时,还可以在线(不离席)查询各种数据,例如客户信息、产品信息、配送信息、航班信息、货物信息等。实际上这已经不是单纯的服务系统,而是一个能与库存系统、配送系统、调度系统等各种计算机信息系统联系在一起的现代化管理中心。

近两年来,随着国际互联网的飞速发展,人们可以使用更现代、更理想的呼叫中心。从技术上讲就是网络互联,从原理上讲就是虚拟中心系统。呼叫中心可以对语音、数据、传真、电子邮件、即时通信等所有资源进行统一的接入管理。不仅可以接入有线通信系统、无线通信系统、有线电视系统,还可以将WEB网络上的呼叫接入到服务座席上。服务人员通过语音、传真、电子邮件、视频等多种方法,与用户打交道。因此,人们把这样的呼叫中心称为第四代呼叫中心。

未来的呼叫中心,电话接入已经不是主要功能。人们展望随时随地通过移动通信终端请求呼叫中心帮助。未来的呼叫中心是人性科技的终极体现,它的主要功能将体现在 AI(人工智能)和高度发达的社会信息化服务上。那时的呼叫中心更人性化,它可以让用户取名字,例如 NEO(尼奥)。只要用户轻轻呼唤一声"尼奥",它就会像阿拉丁的神灯那样出现在用户的移动通信终端屏幕上,为用户排忧解难。那时的呼叫中心服务将会更广泛和更周到。其信息从人类的知识库到信息库应有尽有。

▼ 呼叫中心

通过这一中心,用户可以方便地查询和解决各种问题。目前,人工智能技术正处于实验室研究阶段,相信在不久的将来"尼奥"就能来到我们的生活中间。

(盛际平)

 知识链接

<h3 style="text-align:center">呼叫中心的任务</h3>

呼叫中心通常首先处理大多数客户询问或是基本种类的服务。这说明呼叫中心80%或以上的呼叫可以得到回复,而不需要分配到公司的其他部门。呼叫中心的首要目标是提供高质量的服务令客户满意。同时也必须决定在整个组织结构安置呼叫中心的地点。这可有助于在公司各级管理结构中呼叫中心直接向行政主管汇报。

"一呼百应"的无线调度专家——集群通信

当今世界,通信技术的发展日新月异,如果有人问什么是移动电话,或者什么是对讲机,别人一定会对他报以好奇的眼光。但是,如果问到什么是集群电话,可能就知者甚少了。追根溯源,早在二战期间,就有指挥官拿着对讲机在战场上指点江山,一呼百应。集群通信正是从对讲机演变而来,发展到现在,从常规对讲发展到模拟集群,进而升级为数字集群,可谓历经沧海桑田。由于它应用范围有其专业性,所以名不见经传也就不足为怪了。其实,现在集群通信已经越来越被广泛使用,从早先部队、公安专用,到现在物流、房地产、政府机构、出租车、医疗、抢险等各行各业,处处可见集群通信的身影。目前,数字集群已在世界各个地区建立了不同标准,在我国主要参照国际标准 TETRA 和摩托罗拉公司提出的美国国家标准 iDEN。

什么是"集群"？有人说集群电话就是对讲机。其实不然。虽然两者使用方法相像，但是常规对讲机占用固定频率通信，集群是多用户共享多频率。打个比方说：常规对讲好像一条马路只能让一辆车专用，即使马路空闲，也不允许其他车通过；采用集群技术，好比将几条马路统一管理起来，有车来时，哪条马路空就让车开在哪条马路上，如果马路已经都被占满，车辆将排队等到马路空闲时再通过。集群的最大优点就是大大节省了频率资源。此外，集群的覆盖范围和功能也远远大于常规对讲机。

随着科技的发展，数字集群通信成为集群世界的新宠儿。与模拟集群系统不同，它主要是采用了数字化技术。随之而来的优点更为显著。在 iDEN 数字集群系统中，采用时分多址技术，提高了频谱利用率，它把原来只能跑一辆车的马路，分成了 6 条小马路，这样能让更多的车同时跑在马路上。此外，它的话音编码和调制方式也都采用了高级数字技术，使得集群移动通信的保密性和抗干扰性大大增加，同时也加快了有效信息传输速度。可以说，数字集群将以不可阻挡的趋势完全取代模拟集群技术。

早期的模拟集群手机个头很大，俗称"砖头机"。现在的数字集群通信手机经过改朝换代，外观小巧玲珑，和一个普通的移动电话没有什么区别，麻雀虽小，五脏俱全，小小的手机具备了调度、电话、短消息和分组交换等"四合一"功能。

调度功能：这是集群通信的首要功能，也是集群通信的重要特征。当调度员轻轻地按下通话键进行通话时，小组内的成员都在同一时刻收到消息，非常适用于紧急调度场合，所以集群电话享有"一键通"的美称。它的通信方式属于单工方式，也就是通信时，只能有一个人按下通话键说话，说完后放开通话键，允许另一个人通话。除此以外，集群电话还能进行点对点的"私线"呼叫，让"悄悄话"不被别人听见。

电话功能：该功能无须赘述，用户可像使用移动电话一样，方便快捷地拨打电话进行通信。

短消息功能："拇指族"的最爱，让两人无须通话即可传递信息。

分组交换功能：分组交换是将用户传送的数据划分成一定的长度，每个部分叫作一个分组。在每个分组的前面加上一个分组头，用以指明该分组发往何地址，然后由交换机根据每个分组的地址标志，将它们转发至目的地，这一过程称为分组交换。通俗地说，就像邮政局在每件货物外包装上写上地址，送达目的地。只要是基于IP的业务，如英特网浏览、数据库查询、GPS（全球定位系统）定位、企业内部网查询等在集群系统中都能实现。

这么多功能，系统如何进行管理？一个集群电话有多重身份。要实现不同功能，就靠它的不同身份（编码）来对号入座。例如，要实现小组调度功能，就要键入小组号；要进行私线呼叫，就要查询它的私线号；打电话和发短信时，要拨打它的电话号码；分组数据传输时，必须寻找对方的IP号。

初探集群系统结构，会觉得神秘复杂。其实，集群系统的结构并不那么令人望而生畏，它是由一个控制中心和多个基站组成的星形结构。控制中心好比人的大脑，指挥基站发送和接收信息。基站是控制中心的耳目，它遍布城市或乡村的各个地区，收集信息通过传输通道送回控制中心。当一个用户在基站的"管辖范围"内发出呼叫，基站将用户的语音信息送回控制中心，控制中心有调度应用设备，能够迅速找到该用户小组内的其他成员，并查询到它们的位置信息，然后通过交换机，将语音包送到复制设备复制后，分送到小组内的各个成员，所有的过程都一气呵成，由集群系统的大脑和中枢指挥完成任务，让人根本感觉不到任何滞后。

（石　磊）

临危不乱显神通——微波通信

1976年7月，河北省唐山市发生7.8级大地震，突然之间，负责传输信号的通信电缆全部遭到破坏，有线通信全部中断，只有微波通信不受影响，临危不乱，保持对外联系，为抗震救灾立了大功。

在神奇的大自然中，有许多看不见、摸不着的电磁波，按照不同的波长分为长波、中波、短波、微波。人们把波长在1米至1毫米，频率为300兆赫至300 000兆赫的电磁波称为微波。利用微波作为载体，传送信息的无线电通信方式叫微波通信，是重要的现代化通信手段之一。现代微波通信有着广阔的应用范围，按照不同的应用要求分为：卫星通信、移动通信、微波接力通信等。其中发展最早、技术最成熟、使用最广泛的远距离微波通信方式是微波接力通信，微波接力通信以下简称微波通信，它可用于长距离传送电话、**数据**或电视信号等。通过它，在北京编排好的《人民日报》，5分钟左右就能传到全国各地；通过它，偏远地区的人们，可以随时收看中央电视台、上海电视台的节目。

微波通信分为：模拟微波通信和数字微波通信。1947年美国贝尔研究所在纽约和波士顿之间建立了世界上第一个模拟微波通信系统。到20世纪80年代以后，随着科学技术的发展，数字微波通信出现了，数字微波通信是数字信号用微波信道进行传输的通信方式，既有微波频带宽、波长短、功率小的特点，又有数字通信抗干扰性强、保密好等特点。一条微波接力通信线路，通常由用户站、枢纽站、分路站和若干个中继站组成，长度在几百千米甚至长达一两千千米。长距离微波通信干线可以经过几十个中继站而传输数千公里，仍然保持高质量的通信。具体来说，微波通信具有以下特点：

一、频率高，频带范围宽，传播容量大。微波波段带宽达300 000兆赫，频带宽度约为长波、中波、短波带宽的10 000倍，可容纳大量的通信波道，每个波道可通电话几千路或几十路电视。

二、独特的接力通信方式。微波具有与光波一样沿直线传播的特性。由于地球的表面是曲线，微波在空气对流层中传播，因而传输距离约为50千米左右就必须在两个终端点之间设置中继站，以接力的方式实现远距离通信的目的。形象地说，微波通信像一场多次接力的赛跑运动，通过一个又一个中继站，把前一站送来的信号经放大后,再送到下一站,将信息一站站地传下去。这也是其称为微波接力通信的原因。

三、稳定性好、噪音小、干扰小。由于微波频率很高、波长很短,可以制成方向性很强、尺寸又小的天线,不仅架设方便,而且大大降低了发信功率,减轻了相互之间的干扰。

四、微波通信线路建设速度快、造价低,能节约大量铜材。特别是在高山、岛屿、湖泽等无法铺设电缆的地方,跨越山河比较方便,适合于各种复杂地形。

五、受外界因素的影响较小,具有良好的抗灾性。对水灾、风灾以及地震等自然灾害,一般都不受影响。它不容易遭受人为性的破坏,传输可靠性高,在遇到自然灾害时,可以大显神通。如1993年长江中下游发生特大洪水灾害,狂风暴雨,浊浪滔天,其他通信方式都被严重损坏,只有微波通信线路不受干扰,保持畅通,正常工作。

六、容易受高楼影响。由于微波直线传播的特性,在传播方向上不能有高楼阻挡,而城市的高层建筑发展迅速,因此城市规划部门要考虑城市空间微波通道的规划,使之不受高楼的阻隔而影响通信。

近年来,微波通信向大容量、数字化、多地址、高速度的方向发展。我国在这方面的研究也很有成效,成功开发了点对多点微波通信系统,其中心站采用全向天线向四周发射,在周围50千米以内,可以有多个点放置用户站,从用户站再分出多路电话分别接至各用户使用。

在必要时还可通过中继站延伸至数百公里外的用户使用。这种点对多点微波通信系统对于城市郊区、县城至农村村镇或沿海岛屿的用户、分散的居民点十分经济实用。

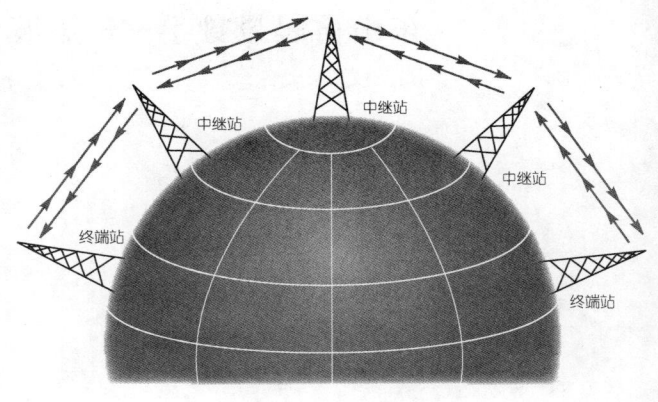

由于采用先进的微电子和计算机技术，微波设备的体积更小，功耗更低，可靠性更高，安装更方便，受到各方面的欢迎。如：它可以把计算机用无线网络连接起来构成无线传输网，计算机移动随心所欲，两个计算机之间连通距离可从几百米至几千米，互连互通非常方便。又如它不仅是组建国家通信网的一种重要手段，也普遍适用于各种专用通信网：用于无线接入，用于长途电信局与卫星地面站的连接，用于移动交换中心之间的连接，用于移动中心到公共电信网的连接，用于农村电话、局域网之间的无线连接、电视广播等等。

如今，微波在全世界得到广泛的应用，在通信领域更是神通广大，大显身手，为提高人们的工作和生活质量，做出了巨大贡献。

（马慧敏）

东山再起显身手——短波通信

只要看过经典影片《永不消逝的电波》，人们都会被英勇的李侠深深感动，铭记那个凝结着鲜血和生命的"红色"电台。从技术方面来说，无线电台的收、发报属于短波通信。自然界中有许多看不见、摸不着的电磁波，按照不同的波长分为长波、中波、短波、微波。人们把波长为100米到10米，频率为3兆赫至30兆赫的电磁波称为短波。利用短波作载体，传送信息的无线电通信方式叫短波通信。短波通信适用于传输电报、电话、数据和静态图像。它发射功率小，传输距离远，建站迅速，便于机动，是军用无线电通信的主要方式之一。如在陆地上作战的指挥中心要与远处的部队或海上的军舰进行通信，都要依靠短波电台。

开始的时候，人们并不了解短波的特性，认为没有多大的实用价值。一次，意大利城市罗马的郊区发生了大火，当地的一位无线电爱好者用短波无线电台发出求救信号，原来希望附近地区的消防队能闻讯赶来，没有想到，这个求救信息竟被千里之外丹麦城市哥本哈根的人收到了。这个故事留传以后，人们觉得十分离奇，不可思议。直到20世纪初，科学家们通过精心研究，终于揭开了这个谜。

科学家们发现：大气层在受到太阳光的照射后，形成一层带电的空气层，称为电离层。电离层在离地面60千米一直到2 000千米左右。在短波进入电离层后，就会因为折射而产生弯曲，就像光的折射一样。当短波深入到电离层一定深度后，它就会掉转方向向下传播，最终重新返回地面，返回地面的短波又被地面反射回天空，再从天空反射回地面，经过多次跳跃，它就可以传到很远的地方去了。人们利用短波在电离层中"来去自由"的特性，实现了能传送几千千米甚至上万千米距离的短波通信。从20世纪初一直到20世纪60年代中期，短波通信一直是远距离通信，特别是洲际通信的主要手段。

虽然短波能经电离层多次反射而传播，但是短波通信也有一些弱点。电离层的高度和电子密度随昼夜、季节、年份的不同而变化，要求短波通信选用的工作频率也要相应地改变。白天电离层电子密度较大，可用较高的工作频率，夜间电离层电子密度较小，宜用较低的工作频率。特别在黎明和黄昏时，电离层电子密度变化较大，更须及时改变频率，否则将导致通信中断。因为电离层时高时低经常变动，是一种不稳定的媒体，而且具有多种复杂的时间变化因素，如昼夜和季节的变化、太阳黑子的活动等，都会对电离层造成影响，导致信号传输质量的不稳定而产生干扰。此外，短波通信还受带宽（即数据传输率）限制，信道（即信号传输的通道）非常拥挤，信道之间的相互干扰十分严重。这些问题限制了短波通信的应用。

当20世纪60年代卫星通信出现后，长距离、大容量的无线通信便被卫星通信所取代，短波通信的发展进入低谷，甚至有人认为短波通信已经完成了它的历史使命，这位曾经在通信领域立下汗马功劳的"英雄"却不再有用武之地。

"山重水复疑无路，柳暗花明又一村"。20世纪80年代以后，随着微型计算机和微电子技术的迅速发展，促进了短波通信技术的更新，人们利用计算机微处理器、数字信号处理、自适应技术、跳频技术以及高速数据传输技术等新技术，不断提高短波通信的质量和数据传输速率，提高自适应与抗干扰能力，使短波通信走出困境，东山再起，短波通信再次受到人们的关注，昔日的"英雄"又回来了！

那么，短波通信是怎样克服原有缺点的？比如采用自适应技术使它能实时地或频繁地利用各种探测技术，根据测得的结果自动调整设备，自动选择最佳工作频率，克服多种变化如昼夜和季节的变化、太阳黑子的活动所带来的复杂影响，提高了数据传输的质量。又如利用跳频技术，使载波的频率可以针对各种干扰作相应的跳变，跳频与自适应技术相结合,可提高通信的保密性和可靠性,并有效地抵抗各种干扰,保证通信线路的畅通无阻。此外,微电子技术、数字信号处理等新技术还使短波通信的设备更加小型化、更加灵活方便,进一步发挥了短波通信设备简单、造价低廉、机动灵活的特点。

现在的短波通信具有通信距离远,设备简单,造价便宜,使用灵活机动,坚固耐用的优点,在应急通信、抗灾通信等方面发挥重要的作用,特别是在军事通信中大显身手。

(马慧敏)

 知识链接

短波通信发展的意义

一、短波是唯一不受网络枢纽和有源中继体制约的远程通信手段,一旦发生战争或灾害,各种通信网络都可能受到破坏,卫星也可能受到攻击。无论哪种通信方式,其抗毁能力和自主通信能力与短波无可相比;

二、在山区、戈壁、海洋等地区,超短波覆盖不到,主要依靠短波;

三、与卫星通信相比,短波通信不用支付话费,运行成本低。

通向碧海深处的信息窗口——长波通信

短波通信被誉为现代战场的"神行太保",它利用大气层中的电离层反射传播,可以在电离层中"来去自如",在地面和电离层之间多次跳跃,从而长距离地传输电报、电话、数据等;可是长波呢?长波通信同样属于无线通信的范畴,长波的波长为10 000米～1 000米,甚长波的波长为100 000米～10 000米。它在电离层中传播时被吸收得厉害,还没回到地面,就衰减完了,而它在沿着地面传播时,传播距离越远,发射和接收的功率和成本都越大,发展似乎遇到了瓶颈。

另一方面,人们发现电磁波在水中有着不同于空气中的传播特性。海水对电磁波能量的吸收作用很强,但对于不同波长的电磁波又有所不同。波长越短、频率越高,在海水中的衰减就越厉害。因此短波在水中的衰减是很快的，几乎无法穿过海水传播，而波长更长的长波、甚长波、超长波在海水中的衰减程度就小得多，能够进入几十米至几百米的水中。可以说，长波正是通向茫茫碧海深处的信息

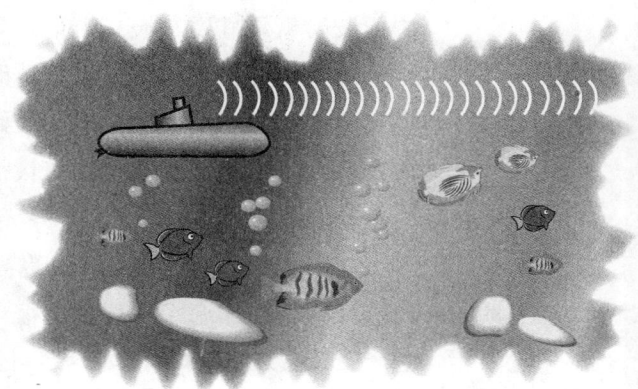

窗口，它在海上通信，尤其是军事通信方面有着其独特的优势，包括海上导航、海岸—舰艇、舰艇—舰艇通信等，不间断地向大海深处传递信息。

　　由于潜艇（尤以核动力潜艇）可长时间地潜伏在水中，大大增加了它们的隐蔽性并提高了作战行动的突击性，在现代高科技条件下的作战中具有极为重要的地位。攻击型核潜艇对水面舰艇、水下舰艇以及运输补给船队威胁很大，尤其是战略弹道导弹核潜艇可以携带多枚多弹头导弹，是当今最难防御的战略核威慑力量，是美国、俄罗斯、英国、法国战略核力量的最重要组成部分，因此，各大国都在研究各种技术，以便对其进行侦察监视和跟踪。可是怎样控制深入水下的潜艇呢？通过在陆地建立长波发射机天线，在潜艇上安装接收机，就可以实现通信了。超长波在水下和大气中衰减都很小，传播稳定可靠，不易受干扰，连核爆炸也奈何不了它，是为数极少的几种不受电磁脉冲破坏的通信手段之一。不过，

由于发射机尺寸要与波长近似，架设数千千米长的天线不但消耗人力物力、难以施工，而且战时极易遭到敌人攻击，选址工作就很重要了，最好要在特定地质构造的地区，即导电率很低的地质年代很久的花岗岩地区，从而降低天线系统的规模。

早在第二次世界大战后，随着潜艇作用的不断加强，甚长波通信就在海军中得到了很大发展。但甚长波的入水深度只可达 20 米，不能满足对数千千米外深水下航行的潜艇进行指挥的需要，各个军事大国就加紧研制、建立超长波电台来解决深潜潜艇的通信问题。1958 年，美国开始研制"北极星"战略导弹核潜艇的同时就考虑其在深水的通信问题，首先提出超长波通信的设想，并进行了长期研究。其间提出了"桑格文"计划、"水手"计划等，1986 年超长波电台建成并交付使用。该电台由两部分组成，一部分位于威斯康星州，另一部分位于密歇根州，两地相距 285 千米，两部分可以联合工作也可以分别单独工作。其天线总长 135 千米，总功率 5.28 兆瓦，在 7 000～8 000 千米范围内能保证对水下 100 余米的潜艇进行通信。随后，在美国所有的核潜艇上逐步安装上超低频接收机。

超长波还可用于极地通信，它对岩石、土壤也有很强的穿透力，可对掩体、坑道实行控制，在地球物理探查方面也具有很大潜力。但它在通信方面的缺点显而易见，天线规模巨大，但效率很低，通信速率也很低，用较长时间才能传送一份很简短的电文。潜艇往往收到超长波的简短电文后,再上升到一定高度来接收甚长波发出的正式电文。科学家们正在研究将有较大入水深度和较快速率的激光应用于对潜通信系统。随着通信技术的进步,我们期待着与大海深处更便捷的互动信息交流。

（徐　颐）

 知识链接

长波通信

长波通信的优点是:通信距离远,能透入岩层、海水一定的深度,受太阳耀斑和核爆炸的影响小,通信比较稳定可靠。其缺点是:发信设备及天线系统庞大,造价高;通频带窄,不适于多路和快速通信;易受天电干扰。

长波通信的历史,可追溯到1901年意大利物理学家G.马可尼进行的跨越大西洋的越洋通信试验。第二次世界大战中,因对潜艇通信的需要,而又重视发展长波通信。随着导弹、核武器的发展,导致越来越多的军事设施转入地下,长波地下通信将是保障地下指挥所和坑道间应急通信的重要手段。

大是为了小,多是为了少——移动通信基站与天线

移动通信最大的特点是给人以方便:一是手机可以随身携带,机身小到能够握在掌中,有称之为"掌中宝"的;二是通话随时随地进行,任何两地,不管位于何处,可以是室内室外,也可以是市内郊外。不管相距多远,可以是近在咫尺,也可以是远在天涯,都可作无线联系,有称之为"神州行"、"全球通"的。可是,为了这些方便,在技术上却带来了诸多的困难和不便。

大家知道,手机是无线电技术和电话技术结合的产物,它不仅具有普通电话机的各种功能,而且还配置了无线电收信机和发信机的全套设备,等于是把一收一发两座无线电台压缩后装进了一只手掌大小的盒子里。高大的天线也由一根短短的拉杆天线,或是由隐藏于机盒

内的微型天线所替代。由常识可知,无线电通信设备的体积越小,重量越轻,其功率也就越小。体积小,携带方便;功率小,因其电磁波辐射量的减少,使用更为安全。但手机的小和辐射量的少也有其负面效应,那就是它的有效通信距离十分有限。我们总是希望通信距离少受限制,又要手机小,又要通信距离限制少。为了解决这对矛盾,工程师们动足了脑筋,设计了特有的蜂窝式移动通信基站网络体系和无线电收发信专用天线。以天线的"大"和基站的"多",应对手机的"小"和电磁波辐射量"少"的问题。

先说基站。移动通信有多种,我们通常说的移动通信原先俗称"大哥大",现今称为"手机",它的学术名称是"蜂窝移动通信系统",是工程师向蜜蜂学习的成果。蜂窝移动通信系统模仿蜂窝结构,把整个通信区域无形中分成许多个相互连接的通信小区,每个通信小区中央建一个移动通信基站。在通信小区内通话的手机与基站联系,交换信息。因为每个蜂窝小区的面积有限,所以对每只手机来说,与之联系的基站都是就近的,只要很小的功率就可以了,且对通话人所处的位置和环境也很少有什么限制。如果两位通话人之间的距离较远,就由交换机来联通两人分别所在的基站,通话仍能有效进行。当某一用户在通话时从一个通信小区转到了另一个通信小区,基站会实现自动交接,通信不会中断。许许多多个小区连成一片,通信的范围就是很大的了。

在人口稠密地区,使用手机的人多,有时会发生信号通道拥挤的现象，致使通信受到影响，这就要求多设置几个基站，使通信小区的区域面积划分得更小一些、网络结构更密一些、让每个基站管辖区域内同时通话的用户保持在一定的数量之内，以避免因多人同时通话而造成信道堵塞，也有利于提高通信质量。如在上海市内一般地区，每隔6、7百米建有一个基站，而在人流如潮的南京路步行街，每隔2、3百米就有一个了，保证大家能顺顺畅畅地用手机通信。在人口稀少的边远农村和山区，基站建设的数量大大减少，但得多架高位天线，扩大通信信号的覆盖面，避免信号"盲区"的存在，确保通信正常进行。

基站的收发信号，"兵"分两路：一路是通过专用的传输线与移动通信交换机连接；另一路是通过天线与手机作无线电信号交换。基站的无线电收发信设备与手机对应，因为一个基站要同时应对数以百计的手机通话，且条件也许可，所以它的设备比起手机来要复杂一些。

再说天线。说起天线，人们自然会想到高耸入云、瘦身尖顶的塔式建筑。常见的天线之所以要"高高在上"，为的是"站得高，看得远"，适应远距离通信的需要。而移动通信因为有了蜂窝状的基站网络体系，无线电信号的收、发都是就近进行的，"远"不是主要矛盾了，关键是要接收小小手机发出的微弱信号，"弱"的问题凸显了出来。为此，移动通信室外天线并不在于"高"，而是在于"大"。天线大了，有利于提高接收信号的灵敏度，有效地收到微弱的无线电信号。移动通信的室外天线其实并不像"线"的样子,倒像是一块竖着的木地板。长 1 米左右,宽约 30 厘米,有一定的厚度,表面微凸,横截面似一只枕头面包。三块为一组,同方向排列,其中两块作收信用,一块作发信用。三组 9 块,每组呈 120 度方向安装,构成一套完整的天线。由此可见,室外天线不仅是大,且相当复杂。后来,经过技术改造,由三块一组简化为两块一组,再后来是一块一组,三块一套,成为截面呈三角形的一根立柱。不管怎样,"大"仍是移动通信室外天线的一大特点。除了室外天线,还有室内天线。因为室内天线只是与近在咫尺的室内使用的手机交换信号,所以它的"身材"显得小巧,有的像一顶小圆帽倒着吸附在天花板上。凡张贴着"××信号已覆盖本×××"标牌的地方,附近就安装了室内天线,保证手机在电梯、地铁等不容易收到无线电信号的场所也能正常通话。

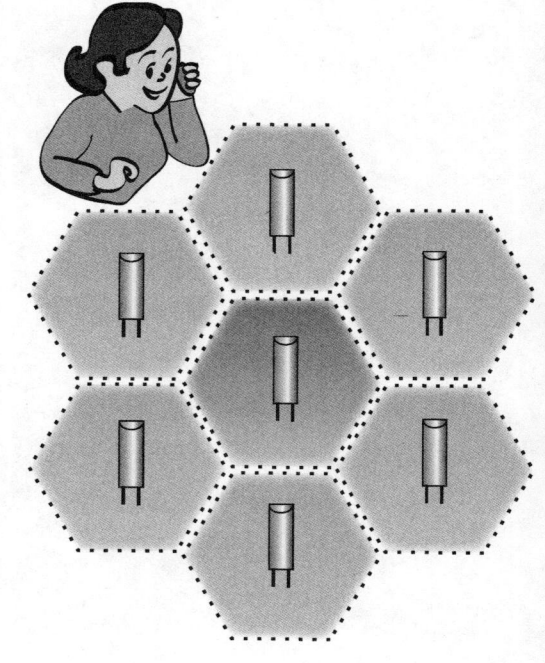

▼ 移动蜂窝基站

移动通信天线还有一个特殊的情况,就是"伪装"。由于存在着对电磁辐射的偏见,人们既爱手机,又怕辐射。而移动通信必须要有基站与天线,适量的电磁辐射确实是对人体无害的,于是只好把天线伪装起来，以免引发人们不必要的忧虑。再是，原先说"烟囱林立，机器轰鸣"是工业发达，经济繁荣的象征，现在则认定是环境污染的标记。如今，在楼顶、路边树立起粗大惹眼的移动通信天线，决不表明这里通信发达，生活富裕，而是有碍观瞻，损害环境，这也要求对天线予以伪装。通信天线或与电灯杆组成一体，或构成建筑物的装饰品，或做得像棵大树栽于林间绿地。在体育场馆，如上海F1赛场，设计的观众人数约20万。为确保广大观众能用手机在现场通话，场内安装的移动通信天线数量是不少的。可是大家很难发觉这些天线的存在，就是因为被伪装了的缘故。

（施善昌）

全球用户最多的数字移动电话技术——GSM系统

1975年，美国联邦通信委员会开放了移动电话市场，确定了陆地移动电话通信和大容量蜂窝移动电话的频谱，为移动电话投入商用作好了准备，1979年，日本开放了世界上第一个蜂窝移动电话网。1979年，模拟蜂窝式移动电话系统在美国芝加哥试验后，于1983年12月在美国投入商用，一个新的时代到来了。

我国在1987年开始使用模拟式蜂窝电话通信，1987年11月，第一个移动电话局在广州开通。从此模拟手机在中国走过了十多年的"大哥大"时代，这也被称为第一代移动通信系统。

模拟式蜂窝电话迅速发展，也开始显现出它的缺点，特别是在人口密集的大城市，由于模拟式蜂窝电话采用的频分多址技术造成频率资源严重不足，同时，模拟式蜂窝电话易被窃听和码机，造成对用户利益的损害。

进入 20 世纪 80 年代后期，大规模集成电路、微型计算机、微处理器和数字信号处理技术的大量应用，为开发数字移动通信系统提供了技术保障。

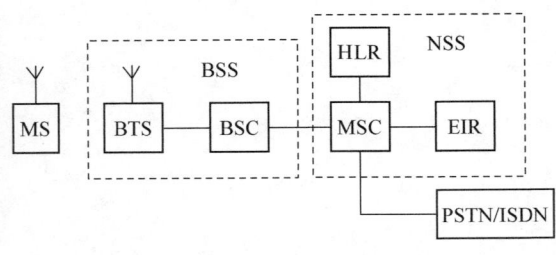

1982 年，欧洲成立了 GSM（移动通信特别组），任务是制订泛欧移动通信漫游的标准。GSM 本来是欧洲成立的一个移动通信小组的简称，这个小组在欧洲的蜂窝移动通信方面做了大量的工作，他们对 8 个不同的实验方案进行了论证，最后制定了泛欧洲的数字蜂窝移动通信系统，并用该研究小组名字的缩写"GSM"命名。GSM 移动电话系统对频谱利用率高、容量大，同时可以自动漫游和自动切换，采用 EFR（增强全速率编码）后通信质量好，加上其业务种类多、易于加密、抗干扰能力强、用户设备小、成本低等优点，使移动通信进入了一个新的里程。

在中国，1993 年 9 月 18 日，浙江嘉兴首先开通了国内第一个数字移动通信网。1994 年 10 月，国内第一个省级数字移动通信网在广东省开通，容量为 5 万门。

经过 10 余年的发展，2003 年底全球手机用户数突破了 13 亿，而其中 GSM 手机用户数达到了 9 亿 7 050 万，占到手机用户总数的七成以上。

GSM 的系统结构如下图所示，由若干个子系统组成。包括 MS（移动台）、BSS（基站子系统）和 NSS（网络子系统）。其中基站子系统在移动台和网络子系统之间提供和管理传输通路，特别是 MS 与 GSM 系统之间的无线接口管理。NSS 管理通信业务，保证 MS 与相关的公用通信网或与其他 MS 之间建立通信，也就是说 NSS 不直接与 MS 互通，BSS 也不直接与公用通信网互通。MS、BSS 和 NSS 组成 GSM 系统的实体部分。

MS 其实就是用户使用的手机终端，也是用户能够直接接触的 GSM 系统中的唯一设备。MS 的另一个重要组成部分是 SIM（用户识别模块），它基本上是一张符合 ISO 标准的"智慧"卡，储存了所有用户的信息，SIM 卡的应用使移动台并非固定地束缚于一个用户，因此，GSM 系统是通过 SIM 卡来识别移动电话用户的。

基站子系统是由 BTS（基站收发信台）和 BSC（基站控制器）这两部分的功能实体构成。

基站收发信台属于基站子系统的无线部分，由基站控制器控制，服务于某个小区的无线收发信设备，完成 BSC 与无线信道之间的转换，实现 BTS 与移动台之间通过空中接口的无线传输及相关的控制功能。

基站控制器是基站子系统的控制部分，承担无线资源和无线参数的管理。

网络子系统主要由 MSC（移动业务交换中心）、HLR（归属用户位置寄存器）、EIR（移动设备识别寄存器）组成。

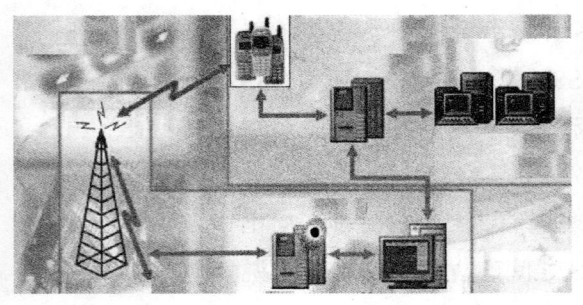
▲ GSM

移动业务交换中心是网络的核心,它连接着BSS、HLR、EIR等设备,并与固定网(公用电话网PSTN、综合业务数字网ISDN等)互连,提供着这些设备间的交换功能。

归属用户位置寄存器是GSM系统中的中央数据库。移动用户重要的静态数据都存储在HLR中,包括移动用户识别号码、访问能力、用户类别和补充业务等数据。HLR还存储且为MSC提供关于移动用户实际漫游所在的MSC区域的有关动态信息数据。这样,任何入局呼叫可以即刻按选择的路径送到被叫的用户。

移动设备识别寄存器存储着移动设备的IMEI(国际移动设备识别码),通过核查白色清单、黑色清单、灰色清单这三种表格,在表格中分别列出了准许使用的、出现故障需监视的、失窃不准使用的移动设备的IMEI识别码,使得运营部门对于不管是失窃还是由于技术故障或误操作而危及网路正常运行的MS设备,都能及时防范,确保网路内所使用的移动设备都是唯一的和安全的,防止被"烧"机盗打。

(曹　嵩)

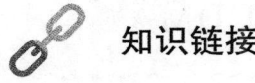 **知识链接**

身份识别

　　GSM 的一个关键特征就是用户身份模块（SIM），也叫 SIM 卡。SIM 卡是一个保存用户数据和电话本的可拆卸智能卡 IC。用户在更换手机后还能保存自己的信息。换句话说用户也可以使用现在的手机而使用不同运营商的 SIM 卡。

　　在美国和欧洲，大部分运营商锁定他们销售的移动电话，这样做是因为移动电话的价格一般因为签订长期合同大幅减少（例如在欧美市场很多手机可以通过签约以原价格几十分之一的价格购买），而运营商试图避免客户的流失。用户一般可以通过与运营商联系付一定费用来解除锁定（俗称解码），或者通过一个专门服务，或者从互联网上搜索相关软件来解码。如果用户签署在一段时期有效的合同（合同账户），某些美国运营商例如 T-Mobile 和 Cingular，就会解除对电话的锁定。第三方的解码方法比起运营商更快，而且也更便宜。在大多数国家解除锁定是合法的。

军事技术民用化的范例——CDMA

CDMA 是在数字通信技术的分支——扩频通信技术上发展起来的一种崭新而成熟的无线通信技术。它的起源可以追溯到第二次世界大战时期,当时美军为了防止敌方的电子干扰,实现战场清晰通话和隐蔽通信,开发了 CDMA 技术。出色的抗干扰、抗多径能力和保密性使它成为当时美军得心应手的无线通信技术。

CDMA 是码分多址的英文缩写,它和时分多址、频分多址,是无线通信技术中的三种技术规范。所谓的多址,指的是如何在众多用户中区分出某个用户。打个比方说,在一个房间里,要实现多对用户一对一通话且互不干扰,频分多址的"招数"是将这个房间再划分成若干小房间,每对用户使用一间;时分多址的"招数"是每对用户按顺序分时段使用房间;而码分多址的"招数"

则是每对用户使用不同的语言（码），就如同分别使用中文、英文和德文一样。

CDMA 明显的优点就是抗干扰能力特别强，关键点就在于，每对用户使用的是不同语言（码）。不论是频分多址，还是时分多址，只要有人在房间里大声叫嚷，别人就无法继续说下去。但是，使用 CDMA，只要噪声的语言与用户的不一样，用户的通信就不会受影响。

在无线通信中，除了直接到达用户的直射信号外，还会有各种物体（如大气对流层、建筑物、高山、树木、水面、地面）等引起的反射和折射信号也会作用于用户。反射和折射信号到达用户的时间比直射信号晚，它对直射信号会产生所谓的多径干扰。多径干扰会减弱直射信号，甚至造成通信中断。CDMA 能够把直射、反射和折射信号的时间（相位）调制到一致，从而消除了多径干扰。

此外，CDMA 的通信信号极具隐蔽性。由于 CDMA 的信号在一个很宽的频带内传输，因此单位带宽内的信号强度很低，甚至完全湮没在一片"噪声"中，这样，信号就不容易被发现，自然要想进一步检测出信号就更难了。

CDMA 凭借其众多的优良性能，在军事领域大展拳脚后，在公众移动通信领域也崭露头角，并成为现代移动通信的主角，引领新一代的移动通信技术。

1989 年 11 月，美国高通公司进行了首次 CDMA 移动通信试验，在美国的现场试验证明了 CDMA 移动通信系统的容量大，并经理论推导其为模拟系统容量的20倍，为 GSM 系统容量的 4 至 5 倍。这一振奋人心的结果很快使 CDMA 成为全球热门课题。经过电信界的广泛研讨、论证，特别是在韩国政府的积极倡导和推动下，CDMA 移动通信系统得到了迅猛发展。

1995 年，第一个 CDMA 系统投入商用，其理论上的诸多技术优势在实践中得到了验证，从而使 CDMA 技术在国际上得到了迅速推广和应用。2000 年 3 月，国际电联通过了 CDMA 2000 制式的第三代移动通信空中接口标准，它的第一个阶段称为 CDMA 2000 1X，容量比前期的 CDMA 更大，并能够实现高速数据业务。

CDMA 作为新一代移动通信技术的新潮流，不仅继承了军事技术的优点，同时还具有绿色健康、清晰逼真、保密性能好、畅通不掉话、业务功能多等独具魅力的高品质特点。

CDMA 发射的电磁波能够隐藏在背景噪声中，不会造成电磁污染，是一种环保技术。"远离辐射，贴近健康"可以说是 CDMA 的真实写照。用 CDMA 手机打电话可以享受到与固定电话一样清晰的音质，甚至在干扰强烈、信号弱的条件下，也能够达到非常好的效果。此外，CDMA 用来标识区分用户的码共有 4.4 万亿种排列，窃听器根本无法破译，更谈不到窃听有用信息了。

现代移动通信系统是由一个个"蜂窝"状的小区组成的。用户从一个小区行进到另外一个小区时，需要将通话从原来的小区切换到新的小区。切换技术分为"硬切换"和"软切换"两种。硬切换技术先将原来小区的通话中断,然后在新的小区重新建立。因此采用硬切换技术的移动通信系统就容易掉话。软切换技术先在新的小区建立通话,然后再中断原来小区的通话。因此采用软切换技术的CDMA移动通信系统就不易掉话,甚至做到了在磁悬浮列车上全程不掉话,这也是CDMA移动通信系统的优点之一。

(满仓)

 知识链接

CDMA绿色手机

由于CDMA系统中采用快速的反向功率控制、软切换、语音激活等技术,以及IS-95规范对手机最大发射功率的限制,使CDMA手机在通信过程中辐射功率很小而享有"绿色手机"的美誉。CDMA手机平均发射功率为2.4 dBm(1.72 mW),GSM手机平均发射功率为28.9 dBm(773 mW),考虑到GSM手机只在八分之一时间内发射,GSM手机在时间上的等效平均发射功率可减少到19.85 dBm(96.63 mW)。由此可见,CDMA手机平均发射功率相当于GSM手机的1.78%。

手机虽小，五脏俱全——手机组成原理

自从手机问世以来，用户发展的速度远远超出了人们的预计。短短的十几年时间，手机用户数就超过了经过一百多年时间发展起来的固定电话用户数，迅速成为人们最重要、也是现代社会最普及的通信工具。在技术方面，手机经过了第一代模拟手机、第二代数字手机，以及第三代高速率多媒体手机，即3G手机。

尽管不同型号的手机提供的业务功能不尽相同，甚至采用了不同技术，但其组成结构模型基本是一致的，如图一所示。其结构分别是处于手机核心地位的处理模块；由键盘、麦克风和无线接收功能等组成用于向手机输入信息和信号的输入模块；由液晶显示屏、耳机和无线发送功能等组成用于从手机输出信息和信号的输出模块；用于存储信息的内存，以及用于存储更大容量信息

的 SIM 卡和存储卡等外存。

从手机的内部组成与实现原理来看，手机可以表示为如图二所示的处理模块、无线接收模块、无线发射模块、电源管理模块、存储器与外设模块等五脏。手机能够正常工作，既离不开这五脏的协同配合，还需要幕后无名英雄"网络"的支持，否则两台手机之间是无法直接进行通信的。手机与网络之间就是通过无线模块（包括无线接收与无线发送）进行通信的，为了确保它们能够进行高效、正确无误的通信，必须制定双方都可以理解的规则，使用相同的通信语言，也就是协议，进行通信。

无线接收模块负责从网络接收以特定频率发送的无线电信号，经过一定的频率变换，把模拟数据发送给处理模块去处理。

无线发送模块把来自处理模块的模拟数据经过一定的频率变换，以特定频率向网络发送无线电信号。

▼ 图一　手机的组成结构模型

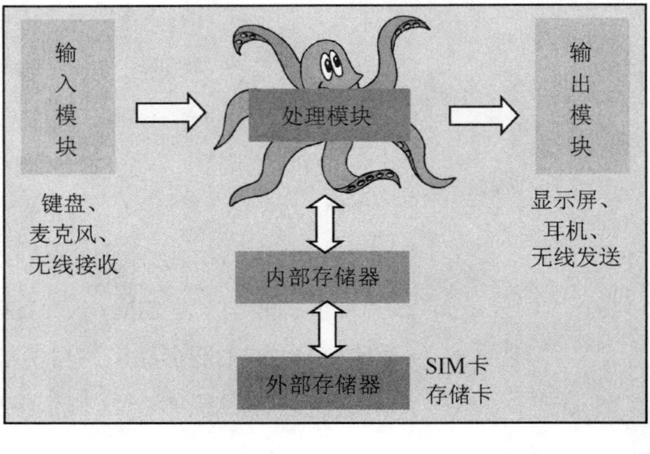

处理模块是手机的核心，其中的处理器承担了手机软件的执行任务。无线接收和无线发射模块是手机与网络的接口，手机与

网络之间的"对话"则是由处理模块完成的。通过无线接收模块收到的来自网络的模拟数据要经它转换为数字数据；通过无线发送模块发往网络的数字数据要经它先转换为模拟数据。为了提高无线频率的效率，需要对通过空中传输的数据进行压缩，数据压缩的编解码也是由处理模块完成的。此外，处理模块还负责精确的全球定位、动听的和弦音乐、诱人的多媒体与游戏业务的实现，并对存储器以及键盘、液晶显示器、耳机、麦克风、SIM卡、USB接口等外设功能提供接口、驱动与控制。手机上所有新功能和新业务的实现都离不开处理模块的支持。

电源管理模块负责为手机各模块提供不同规格的供电服务，主要包括输入电源管理、输出电压调整（即稳压）、接口与事务管理等功能。手机的输入电源是由电池板或者外接电源提供的，外部电源检测、电池控制、充电控制等就是输入电源管理的主要职责。尽管手机体积很小，但它也是由数百个规格各异的集成电路和部件组成的，它们的工作电压往往是不同的，这就需要输出稳压能灵活支持多种规格的电压输出。接口与事务管理提供用于支持闹钟服务的实时时钟、启动电路、用于控制震动器的电压控制、用于控制键盘与液晶显示屏背光的电流控制等功能。

存储器与外设模块包括存储器以及键盘、液晶显示器、耳机、麦克风、SIM卡、USB接口等外设。用户标识模块SIM卡主要存储用户身份信息和相关的业务信息。

手机与计算机不但具有相似的硬件组成结构模型，

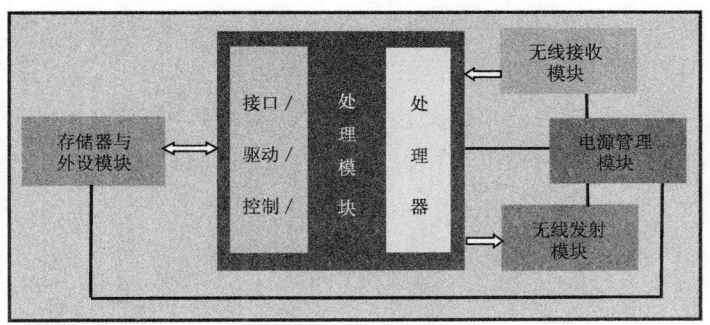

▲ 图二 手机组成与实现原理

▼ 图三 手机软件结构

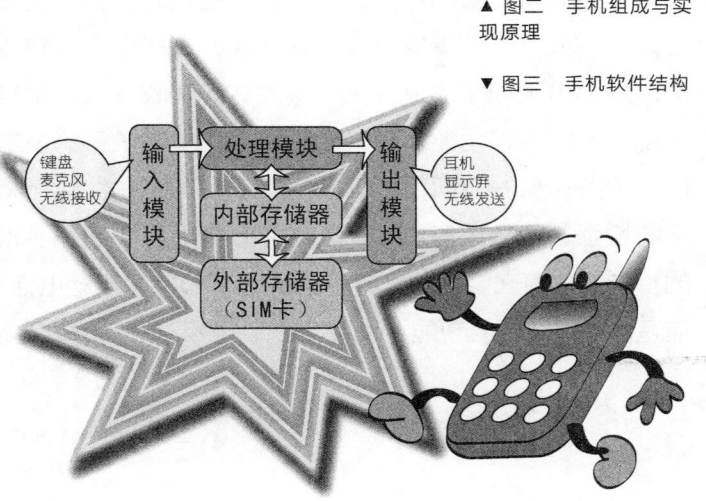

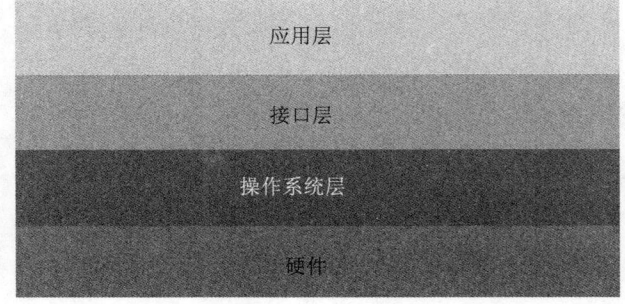

而且软件结构也非常相近,如图三所示。操作系统层不仅负责底层硬件的驱动和管理,而且为接口层的实现提供功能支持。顾名思义,接口层在操作系统层软件的基础上为应用层提供应用程序接口;应用层基于接口层提供的支持比较方便地实现各种应用与业务。

根据摩尔定律,芯片的集成度和性能每18个月翻一番,而成本却成比例地递减。这样,随着手机芯片处理能力和存储器容量的提高,手机的功能也将更强大。一方面,手机将可以集成更多的新功能,支持更多的新业务,如MP3播放、数码照相/摄像、调频收音机、手机电视、计算机等功能,还有即时消息、丰富多彩的多媒体等业务;另一方面,手机已经具备的功能在性能上将不断增强,如数码照相/摄像支持的像素将更高,手机的智能性将更强。此时,手机已不再是简单的移动电话,而是多功能的个人智能终端。

(应必善)

更上一层楼——模拟网、数字网、三代网的不同复用方式

在我们周围每时每刻都有许多无线信号通过空气传播，有电台、电视、卫星、无绳电话、对讲机，还有手机信号等等。这些信号各自携带着不同的信息内容，彼此之间却不会将内容接收错误，这是因为它们在空中的传输频率不同，就像搭乘不同的电梯，到达不同的目的地一样。

按各种各样的用途将频率段分配以后，移动通信系统得到的频率资源非常有限，以数字网 GSM 900 M 系统为例，频率段总共只有 25 兆赫，这些频段按每个 200 千赫的带宽分成 125 条频率，每条频率叫一个频点，也即是说整个 GSM 900 M 系统只有 125 个频点可以使用。大家都知道，电台、电视在一个频道内只能播出一

套节目的内容，如果用这种方式传播的话，移动通信要实现为几百万用户提供通话频道，无论多么庞大的频段带宽都不能实现。为什么能够使只有125个频点的GSM系统能为全国几亿用户提供通话频道呢？简单来说，是实现复用的结果。

复用有三种方式，按频率复用度由低到高依次为：模拟网使用的FDMA（频分复用）技术、数字网使用的TDMA（时分复用）技术和第三代网（3G）使用的CDMA（码分复用）技术。

频分复用（FDMA）是最早出现的频率复用方式，使用频分复用的移动通信系统俗称模拟网。将模拟网频率按25千赫分为一个个频点后，如同电台、电视的传播一样，它的每个频点只能同时传输一路通话，一个载频（基站中的支持通话的硬件设备）在传输一路通话后就被占满，无法接入另一路通话，也就是说如果有一个基站只有8个话音载频，也只能有8对用户同时进行通话，在此时该基站覆盖区域内有第9个用户想要打手机，他就会在拨号后听到忙音，一直到8对通话的用户中有人挂机。

一个基站如果只能支持几个至十几个用户进行通话，这样的系统如何能满足用户需要？这就需要增加大量的基站。制作详细的规划将需要覆盖的地区划成小块，每块安装一个基站，利用基站传播距离有限的条件，在一定的间隔距离以外重复使用频率。

在移动通信网络建设初期，移动电话的用户极少，因此模拟网即使使用如此低效的方式也基本可以满足用户的需求了。

随着移动电话的渐渐普及，移动用户数量快速增长，靠增加基站数量来扩大容量毕竟有限，因此频分复用这种制式已经不能满足用户的通话需求了，移动网络需要更高效的复用方式来使一个基站能支持更多的用户进行通话，这时，使用时分复用的 GSM 系统，俗称数字网出现了。

顾名思义，时分复用是基于时间上的复用，有了时分复用这个法宝，一个频率可以实现最多同时支持 8 对用户通话的奇迹，与频分复用相比，频率的使用效率提高了 8 倍。

手机通话是在无线系统中是以时隙来传送的，时隙就像集装箱一样，所有的时隙具有同样的规格，但可以装不同的货物，如通话的话音或控制通话的信令等。每个时隙只能传送一路通话，就像网络上的聊天室一样为每一个通话开辟一个专用聊天室，只是与网络不同的是，网络聊天时 2 个聊天室是一直连接的，而 GSM 系统为了使更多的人能够同时使用移动电话进行通话，系统对通话的信号发射不是连续的，只是断开的时间非常短，而高速的话音传输速率大大高于普通的话音频率范围，通过手机接收进行码速转换后，不但感觉不到通话间隔，而且话音质量也不会失真。

例如，有 8 对通话，分别在 1~8 号时隙内进行，天线依次发射 8 个通话的信号，发送 1 号时隙信号时其他时隙信号不发,接下来发 2 号时隙的通话内容,这时不发送 1 号和其他时隙的内容。虽然从严格意义上来讲,这 8 对通话还不能算"同时进行",但从 8 对通话的用户的感受上以及设备的利用上来说,这已经是同时了。

TDMA 在建网后的初、中期的确起到了关键的作用,吸收了大量用户,但随着网络基站数量趋于饱和,而用户发展仍无止境,容量问题又一次被摆在了面前。人们又开始寻寻觅觅,有什么制式比 TDMA 能提供更多的容量呢?

码分复用技术在此时映入了人们的眼帘。码分复用技术俗称 3 G,指它是继 FDMA 和 TDMA 之后第三代的复用技术。目前 3 G 网络尚未建成运营,但依靠码分复用技术,它能够在容量上实现一个新的飞跃,就像 TDMA 之于 FDMA。

码分复用技术可以实现在同一频段内发射和接收大量的通话和数据传输,发射端各不相同地将各路通话和数据传输进行编码,在接收端再按各自预定的解码方式进行解码,虽然其他的通话和数据虽然对其中任何一路都是干扰,但由于编码方式不同,接收端能解开的信号只有一路而已。

▼ 一代更比一代强的三代网

好比说，在一个房间召开会议，有来自二十多个国家的人，假定每个人都只能听懂各自的母语，不懂任何外语，中国人只懂中文、英国人只懂英文、德国人只懂德文、意大利人只懂意大利文……那么即使大家同时说话，来自同一国家的人仍然能够准确无误地进行交流，这是因为他们不懂其他的语言，外国人说得再响，只要不盖过本国人的声音，就不妨碍对母语的理解，外语无非只是一种背景噪声而已，不具备任何意义，因此也不会影响本国人的交流。

码分复用制式的一个频点为 5 M 带宽的频率，虽然它的频率带宽大大高于其他制式，看上去有些奢侈，但它的频谱效率大大高于以往的制式，是将来的发展方向。

（姚馨珏）

短距离无线通信的"小精灵"——蓝牙技术

日常生活中，细心的人会发现这样的情景：有的人耳朵上挂着一个新奇的东西，或摇头晃脑，或自言自语、喋喋不休。他在干什么？出于好奇，仔细观察一下，发现他正通过特殊的耳机来接听手机。那个新奇的东西叫蓝牙无线耳机，耳机里藏着一个神奇的"小精灵"，这个"小精灵"就是蓝牙技术。

关于"蓝牙"这个名字的来历，有一个古老的传说：在很久很久以前，公元10世纪的时候，北欧各国之间战争不断。此时，新继位的丹麦国王哈拉德二世，别名"bluetooth（蓝牙）"，他挺身而出，为了和平奔走于各国之间，促使各方进行谈判，统一了当时四分五裂的挪威和丹麦，建立了强大的丹麦王国。因此，用"蓝牙"这个名字来命名的技术，含有功能强大，能将四分五裂的局面统一起来的寓意，并象征着与这个伟人一样非凡，将改变世界。

蓝牙技术究竟是什么呢？1998年5月，由爱立信、IBM、英特尔、诺基亚、东芝等公司所联合推出的蓝牙技术，是近距离无线连接为基础的一种无线数据与数据通信的开放性全球规范。它建立了通用的无线电空中接口和控制软件的公开标准，使移动通信与计算机网络进一步结合，随时随地实现数据信息交流。蓝牙的工作频段为：全球统一的2.4兆赫频段。数据传输速率为：1兆比特/秒，适用于数据和语音的接入点，代替短距离的电线和电缆，并包含相应的硬件、软件和互操作需求的特定网络。蓝牙诞生后，像一股蓝色的旋风刮向全世界，很快得到广泛的支持和运用。

简单地说，蓝牙技术就是将通信技术与计算机技术进一步结合起来，让电脑、扫描仪、打印机等电子产品摆脱那些令人头痛的电线，代替了千头万绪的电缆线，帮助人们进入"无绳"的电子时代。具体而言，就是在办公室、家庭和旅途中，无须在电子设备间布设专用线缆和连接器，通过蓝牙遥控装置在空中建立一条或多条看不见的"连线"，形成一点到多点的连接。即在蓝牙遥控装置周围组成一个"微型无线电网络"，网络内任何无线电收发器都可与该装置互通信号。例如：通过蓝牙技术将数码相机无线连接到移动电话上，通过移动电话，便可立即将图片和图像传送到世界各地。蓝牙技术这个可爱的"小精灵"，像数字化的神经末梢一样，把各种电子设备在短距离内连接起来，进行信息交流。

蓝牙技术十分独特，蓝牙产品层出不穷、令人目不暇接，如蓝牙手机、蓝牙耳机、蓝牙PC卡和蓝牙USB适配器等等。所有的蓝牙产品都含有蓝牙芯片，蓝牙芯片的面积约1平方厘米，含有无线电收发器，能在短距离范围内发送无线电信号，以此来寻找另一个蓝牙产品，一旦找到，便可以进行信号的互联互通，完成短距离的无线通信。

以前，近距离的电子设备之间的连接，主要是运用红外线收发器来实现的。虽然能免去电线或电缆的连接，但使用起来不方便，连接距离仅限于1~2米，只能在两个设备之间进行连接。

相比之下，蓝牙技术这个神奇的"小精灵"，有许多优点：

首先，适用距离较大（一般是10米之内），确认速度快，即连即用。不仅能建立点到点的连接，还能同时建立点到多点的连接。

其次，全球有统一的频率设定，消除了国界的限制。

再次，使用频段低，对人体危害小，更加安全。

此外，易于推广和移植，发展潜力巨大。如可以应用于办公设备（传真机、电子名片）、无线设备（手机、智能电话、无绳电话）、图像处理设备（照相机、打印机、扫描仪）、娱乐（耳机、游戏）、家用电器（电视机、电冰箱、音响）等领域。

随着信息技术的不断发展和完善，蓝牙技术也在更新。第二代蓝牙技术的数据传输速率大大提高，可达10兆比特/秒，适用距离从10米扩展到100米左右，功能更强、应用范围更广。

未来的蓝牙技术不仅是个科技名词，而是"飞入寻常百姓家"，更贴近我们的工作和生活：进行办公室装修时，不必进行专门布线，可以随心所欲地安排室内的各种办公设备；开会时，可以迅速地将自己的信息和其他与会者共享；回家后，不必寻找空调遥控器、音响遥控器等，用手机就能"掌握"它们；临近工作地点，就可以启动计算机、打印机；临近家门，就可以打开空调、电饭煲、音响等；锻炼身体时，可以一边做健身操一边和远方的同事讨论工作……

随着蓝牙技术的发展和普及，将改变我们的工作方式、提高工作效率、提高生活质量，使我们的工作和生活更惬意、更精彩！

（马慧敏）

 知识链接

蓝牙优点

保持您的计算机、电话及PDA上的联系人、日历和信息同步；从计算机向打印机无线发送文件；将您的计算机无线连接至鼠标和键盘,免去了桌上一堆的杂乱电线;通过连接手机至扬声器召开免提电话会议;在进行日常活动时,使用连接至手机或固定电话的无线耳机,您就可以随意接听来电;在家时,您可以使用连接至陆线CTP电话的手机,以节省话费。

小小屏幕里的多彩世界——彩信业务

　　彩信将人们从黑白世界带入彩色世界,有了彩信,外出旅游的人们可以用手机即时拍摄并传递美丽的风景;关注股票行情的人可以在手机上及时看到关于股市清晰的文字和图形描述;追求时尚的人可以随时下载最新的动画和图片作为手机屏保。

　　下图是 MMS(多媒体消息业务)所显示的图形:

　　不难发现,相对普通文本短消息而言,MMS 能够传递更多信息,尤其是图片与声音的结合,使 MMS 更能打动使用者的眼球。事实上,MMS 能够传递的信息元素是非常丰富的,包括文本、图像、音频、视频等,也就是说,只要是符合上述格式要求的元素,无论是图片、音频还是视频,都可以加入到一条 MMS 中,并进行任意的组合以形成一条完整的 MMS,最终发送给接收者。

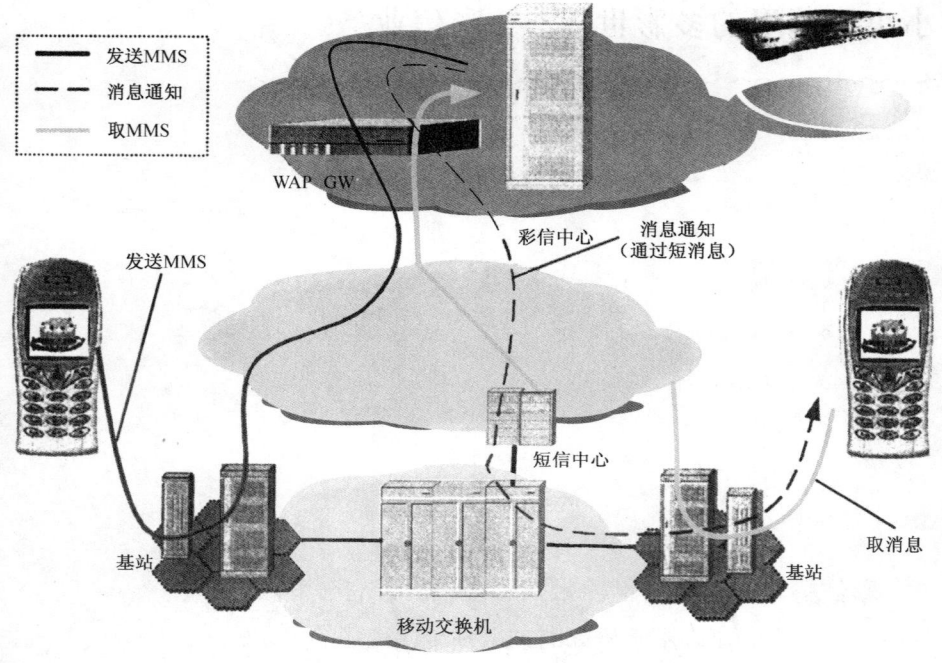

发送 MMS 有多种途径，其中一种途径是使用者通过手机终端将 MMS 编辑好，然后通过手机直接进行发送。这个发送过程与普通文本短消息的发送过程一样简单，也就是说，只需要在手机中输入接受者的手机号码，按发送键就可以了。由于涉及的信息元素比较多，编辑一条 MMS 比编辑一条文本短消息复杂，工作量也相对大一些。另外一种途径就是通过电脑将 MMS 编辑后，通过与彩信平台相连接的业务应用平台（如网站、电子邮箱）等发送给目的用户。

事实上，MMS 和短信的发送接收原理是截然不同的，也就是说它们赖以传送的环境不同。短信是以7号信令网为载体，主要在手机端到端发送和接收以及手机与互联网之间发送和接收。而彩信是在GPRS网络的支持下，以无线应用协议为载体进行发送和接收，除了可以在手机端到端以及手机与互联网之间发送和接收外，还可以在手机和邮箱之间发送接收MMS。如果要详细了解一条MMS如何发送和接收的，可以参考以下原理图：

如上图所示，用户通过支持MMS功能的手机终端发送多媒体消息。多媒体消息经过移动通信基础网络（无线网络和GPRS网络）进行传送，并经过WAP网关设备（一个连接无线网络和互联网的设备），将多媒体短信传送给多媒体短信中心（一个专门处理多媒体短信的调度、转发的设备）。多媒体短信中心主动查找接收方的类型，判断多媒体消息的接收方是否支持MMS功能。如果接收方支持MMS功能，多媒体短信中心将下发一条普通文本短消息，提示接收方收取彩信，并在这条短消息里面包含一个存放该彩信的链接地址，接收方按照提示连接到多媒体短信中心，并主动获取到多媒体消息。

如果接收方不支持MMS功能，这时候多媒体短信中心将同样下发一条普通文本短消息，告诉用户到哪儿去取这条彩信，接收方通过进入互联网，按照该短消息提示的网址，登录到该网站就可收取到多媒体消息。

MMS是SMS（短信息服务）和EMS（增强型消息服务）的进一步发展，为个人多媒体移动通信服务提供了完整的端到端的解决方案。从通信内容上讲，多媒体消息包括图像、音频、视频和数据等；从功能上讲，多媒体消息服务可以是从手机终端发送MMS到另外一部手机终端，也可以是手机终端到应用平台和应用平台到终端的多媒体消息通信。

　　作为一个开放的媒体接入平台，MMS可以在移动用户和互联网内容提供商的互动下，衍生出更丰富多彩的内容服务应用。多媒体消息业务被视为启动和发展下一代数据业务的关键推力，在消息类通信服务市场上拥有巨大的市场发展空间和广阔的前景。

（黄斐颖）

手机支付业务

目前,在瑞典、芬兰、德国等许多发达国家,手机除了作为通信工具,也越来越多地成为人们日常生活中的一种支付工具。除购物外,人们还可以用手机购买地铁车票和支付停车费,用手机支付各种费用的做法正在进一步普及。著名调研公司扬基集团(YANKEE GROUP)认为,到2006年,美国将有5 000万名手机用户利用手机支付收费信息、商品以及服务方面的费用。这个数字相当于美国人口的17%,也相当于全部手机用户的26%。另一个著名研究机构OVUM公司也得出了很乐观的调查结果,该公司预计到2006年手机支付总额将达到370亿美元。

在中国,最早的手机支付出现在中国移动2000年推出的梦网模式中。很多人都在新浪、搜狐、网易等网站上发过短信、下载过手机铃声,这些都不是免费的,这些费用是由运营商从使用者的手机费中扣除,然后再按一定比例支付给新浪、搜狐、网易等 SP。这就是国内最早的手机支付方式,只不过由于发送短信、下载铃声等是手机上的增值业务,是手机新的应用,而不是实物,因此没有引起人们的注意。

2002 年 1 月 20 日,全国首家手机支付示范店在深圳正式运行。只要通过手机输入账户密码和购物金额,消费者就可以把精挑细选出来的商品带回家。

2002 年 8 月,中国民生银行和中国移动通信有限公司联合推出了全新的"手机钱包"业务,同时支持中国移动的所有用户,在全国范围内实现查询、缴费、理财、消费等 15 项服务功能,包括购买彩票、保险、订阅报刊等消费,均可以通过手机实现,让手机变成了钱包。

从大的方面看,移动用户使用手机支付费用可以分成两类——运营商的服务性收费和存在实物交易的移动支付。与现金支付、银行划账、信用卡支付等传统支付方式相比,目前移动运营商可以提供以下三种形式的移动支付服务:

移动运营商的代收费业务——其特点是代收费的数额较小且支付时间、数额固定,用户所缴纳的费用在移动通信费用的账单中统一结算。如个人用户的 E-mail 邮箱服务费代收等。但该方式存在安全隐患,比如因手机遗失或被盗所可能发生的恶意使用等。

移动运营商的小额支付业务——即移动运营商与银

行合作，建立预存费用的账户，用户通过移动通信的平台发出划账指令代缴费用。这种方式既可以保证银行划账受户主控制，避免传统自动划账业务可能带来的纠纷，又可以减少人工处理的时间和手续，降低成本。如通过短信确认的方式购买彩票、通过短信或电话的方式缴付水电费用等。小额的概念一般是指单次支付 100 元以下，总金额 1 000 元以下的业务，在实际操作中对金额的控制可以相对灵活。

移动信用平台——特点是运营商和信用卡发行单位合作，将用户手机中的 SIM 卡等身份认证技术与信用卡身份认证技术结合，实现一卡多用的功能。例如，在某些场合用接触式或非接触式的 SIM 卡可以用来代替信用卡，用户提供密码，进行信用消费。

2002 年 1 月，美国的惠普、朗讯、甲骨文（Oracle）、Sun 公司和一些欧洲公司如西门子，结成了一个联盟 PayCircle，希望能为通过手机进行的支付业务设立行业标准。PayCircle 希望在不安装任何新软件的条件下，基于现有标准来定义一个开放而且统一的手机支付接口，从而为全球移动用户提供一个手机支付的标准方式。

电子现金支付协议。e-cash（电子现金）是以数字化形式存在的现金货币，具有多用途、灵活使用、匿名性、快速简便的特点，无须直接与银行连接便可使用，适用于小额交易。不同类型的数字货币都有其自己的协议，用于消费者、销售商和发行者之间交换金融申请。每个协议由后端服务器软件——电子现金支付系统，和用户端的"钱包"软件执行。

电子支票。e-check（电子支票）支付系统一般是通过专用网络、设备、软件及一套完整的用户识别、标准报文、数据验证等规范化协议完成数据传输，从而控制其安全性。电子支票支付遵循金融服务技术联盟提出的 BIP（Bank Internet Payment）标准（草案）。典型的电子支票系统有 E-check、NetBill、NetCheque 等。

微支付。"micropayments"（微支付）的特征是能够处理任意小量的钱，适合于因特网上"虚拟商品"的消费。目前，有很多厂商在致力于发展别的协议以支持原有的协议所不能支持的微支付方式，其中之一是 MPTP（微支付传输协议，Micro Payment Transport Protocol）。如今，有许多系统声明其是"微支付"，允许支付小于现有货币面额的数额：如 IBM 开发的"Micro Payments"、康柏（Compaq）与数字设备公司开发的"Millicent"、CyberCoin 开发的"CyberCash"等。

由于信用与安全、支付成本、使用习惯以及产业链的合作等问题，虽然全国各地的移动运营商和银行推出了很多手机支付业务，但还远不成规模，手机支付的系统结构也不相同。但是，相信随着技术的发展、使用习惯的培养以及产业链的形成，手机支付将在人们的生活中起到越来越重要的作用。

（曹　嵩）

无线通信与互联网相结合的雏形——WAP

近几年来,互联网和无线通信这两项技术的发展对人们的生活产生了深刻影响。互联网是由无数个计算机相互连接的网络,能使人们十分方便而又廉价地获得大量信息;而手机是人们随身携带的无线通信设备,可以随时随地满足人们相互间进行沟通的需要,成为人们日常所需的基本通信工具。那么,能不能利用人们手中的手机随时随地访问人们喜爱的互联网呢?答案是肯定的,采用具备 WAP 功能的手机,就能够通过无线通信方式,使人们可以在任何地方、任何时间访问互联网了。

WAP 到底是什么呢?原来,WAP 是无线应用协议的英文缩写。它是国际上著名的几家公司共同开发的手机上网的技术。他们把互联网的一些技术进行了大量的简化,使之既能实现访问互联网中的基本信息,又能在手机上简单操作就能实现，这就是 WAP 技术。通过它，就能让手机上网了。具备 WAP 技术的手机与一般手机不同之处在于，它内置有微型互联网浏览器，好像装了一部微型电脑，人们可以在公交车、地铁、马路上随意地通过它获取互联网上的各种信息。

早先的手机上网，就像家里电脑拨号上网一样，速度比较慢，每秒只能传送几十个文字，在手机屏幕上只能显示一些黑白文字信息，而且手机上网的时候不能接听别人打来的电话。后来，随着技术的进步，手机的功能越来越强，彩色屏幕手机大量出现了。这时候，人们希望手机也能像电脑一样显示有声有色的互联网页面，上面有文字、图片、动画、音乐等等，这就需要进一步提高手机上网的速度。

手机怎么实现快速访问互联网呢？利用原来的电话网络传送图片、声音速度是不够的。人们为了让手机发挥快速访问互联网功能，开发了专用的数字移动通信网络。它是专门用来为移动通信传送数据业务的，传输速率比普通的电话线快几十倍，每秒钟可以传送几千个文字，还能传送图像、声音、电视等。这样手机通过专用的移动数字通信网络和互联网连接，就能够实现和电脑一样快速浏览互联网了。另外，手机上网时，由于用的不是原电话网络，这样手机上网就和打电话互不干涉了，可以照样接听别人打来的电话。然而手机毕竟不是电脑，没有那么大的"肚量"存放互联网里大量的文字和图片信息，也不能像电脑那样快速地显示各种图片。为此，

人们想出一个办法，在无线通信网络里专门设计了一个"WAP 秘书"，称之为 WAP 网关，专门用来负责代理手机访问互联网信息。手机上网时，无须自己通过互联网反复搜寻各类信息，只需将上网的要求发送给离他最近的"WAP 秘书"，由"WAP 秘书"通过宽带网去收集互联网内容，等到内容收集完整后，"WAP 秘书"再将用户所需的互联网内容一次性发送到手机里，手机的工作就是只要能够及时显示或简单处理就可以了。这样不仅减少了手机上网的工作量，而且还减少了等待的时间，因为"WAP 秘书"是通过宽带网去访问的，比无线网络还要快几百倍呢。可是互联网信息量很大，上面有大量的图片和动画，我们手机屏幕不可能显示那么多，就算是能够显示，也要一页一页地翻看，不太方便；另外不同的手机屏幕大小也不一样，如何将互联网页面恰当的显示到手机屏幕上呢？原来这一切也交给"WAP 秘书"

来管理，它那里能够在手机第一次上网后自动记录了每个用户手机的功能特点，屏幕大小，然后自动的编排成个性化的屏幕风格，发给相应的手机。有了WAP网关这样的"贴身秘书"，手机屏幕上就能够显示既丰富多彩又具备个性化的互联网页面了。这么多技术的结合，手机就能够真正实现自由访问互联网了。通过WAP技术，手机可以下载各色各样的图片来装扮自己的手机屏幕，也可以下载各种流行音乐作为自己手机的铃声。

（孙昌清）

打开信息时代的大门——互联网

从某种意义说，互联网实际上是美苏冷战时期的产物，它的前身是美国国防部的阿帕网，诞生于1969年12月。最初连结了美国四所大学的计算机，主要用于军事部门和科学家进行科学研究；1983年，纯军事用的网络从阿帕网剥离，之后，人们就称呼这个以阿帕网起家的网络为网际互联网，也称因特网。互联网则泛指由多个网络连接而成的网络。

当初提出建立阿帕网完全出于军事目的，因此，对这个网提出的一个基本要求是，在发生战争，并当网络的某一部分遭受攻击而失去工作能力时，网络的其他部分应当能够维持正常通信。

针对这一要求，美国学者保罗·巴兰于1964年发明了分组交换网络技术，并向军方详细展示当受到核攻击时，如何确保正常通信，使军方信服这是一个有前途的技术。几年之后，科学家采用该技术开发了阿帕网。最初网络使用的是主机—主机网络协议，该协议于1972年就被网络控制协议所取代。后来，文顿·塞尔和鲍勃·康等人在此基础上发明了TCP/IP协议，TCP（传输控制协议）处理高层的业务，如丢包后的重发等，而IP（互联网协议）处理包的寻址和传递。1983年，当阿帕网分裂为两部分时，TCP/IP协议正式作为阿帕网的标准协议，到20世纪80年代末TCP/IP已成为左右世界网络的主导力量。

开始设计阿帕网的时候把信息和资源的共享放在了第一位，对人与人直接的信息交流考虑得较少。这也不奇怪，在一个满屋子都是机器而不是办公桌的年代里，应用显得太微不足道了。但是，就像互联网自身一样，那是一个发明创造蓄势待发的年代。

当时，一个称为"时间共享"的操作系统，把不同房间里的终端设备通过一台计算机主机连接在一起，让人们利用这台主机来互相留消息。这种应用出现于1961年，随后很快就流行开来。1969年阿帕网联网成功后，科学家们才考虑把这一应用推广到网络上，让不同地方计算机上的用户之间互相发送消息。1971年，雷·汤姆林森利用他自己编写的内部邮件程序，发出了世界上第一封电子邮件。这个发明改变了人们的生活习惯，今天，电子邮件依然是互联网上人与人之间沟通的主要方式。

在网络技术发展的同时，计算机的能力和速度在那个年代也得到了长足进步,直接导致网络的不断扩张。到 1984 年 10 月,已共有 1 024 个主机连接在上面,远远超出原来的预想,一些问题也开始暴露出来,主机的地址问题就是一例。

就像我们到邮局去寄信,必须在信封上写上寄往目的地的地址一样,信息在网络上传递也需要一个地址来指明该信息发送到何处。这个地址通常称为 IP 地址,它用一串由点号隔开的十进制数字来表示,如 128.6.4.194。在早期的互联网上,就直接使用主机的 IP 地址,但随着互联网越来越壮大,网络节点和连接主机数愈来愈多,各种 IP 地址已变得难以记忆,因此,1983 年,一种称为域名服务系统开发了出来,使人们可以采用习惯中易于记忆的名称来标识计算机和用户,如 www.alcatel-sbell.com.cn,极大地方便了人们的使用。

另一个问题是,网上信息量的剧增,导致了以文本形式的用户界面越来越不适应信息检索和网络发展的需要,这时,WWW(万维网)出现了。

万维网实际上是互联网上的一种应用,是一个最受欢迎、最为流行的信息检索服务程序,它能把各种类型的信息(静止图像、文本、声音和影像)有机地集成起来,供用户阅读和查找。所谓网上冲浪主要就是浏览 WWW 的网页,可以说万维网是由互联网上网页所组成的网络。

网页是用超文本标识语言编写的超文本文件。最早的超文本文件是范内法·布什在 1945 年提出的,之后很多人都研究了不同的超文本系统。直到1989年3月，CERN（欧洲粒子物理实验室）的工程师帝姆·贝纳斯·李提出了一个叫链的概念，用联想的方式组织文本，再把关键词和与它相关的内容用超链接链接起来，使分散在各地的研究小组能轻松有效地共享信息。1991年3月，行模式浏览器第一次上网运行，两个月后在CERN中被大量使用，此时WWW也真正开始发展壮大起来。两年后，马克·安德勒森等人写了MOSAIC程序增加了图形功能，使WWW浏览器的发展日渐成熟。

现代意义上的搜索引擎的祖先，是1990年由蒙特利尔大学学生艾伦·艾姆太奇发明的Archie。虽然当时WWW还未出现，但网络中文件传输还是相当频繁的，而且由于大量的文件散布在各地的FTP主机中，查询起来非常不便，而这个称为Archie的搜索引擎，能用来发现和找寻计算机上的文件。它所做的工作就是在夜间业务量较低时，去访问它所知道的所有存档，然后复制成一个列表，放入到一个可供搜索的数据库中，这个小软件像蜘蛛在网上爬行一样而得名为蜘蛛程序。在当时来说，这一技术非常吸引人，一年后，明尼苏达州大学也开发出了被称为Gopher的搜索引擎，在用户界面上作了改进，采用了菜单形式，方便用户的使用。同年，一个基于内容的称为WAIS的搜索引擎也开发出来了。这些是20世纪90年代初出现的第一代搜索引擎，虽然没有一个能一直用到现在，但是它们的技术本身一直沿用在新一代的搜索引擎中，并得到了发扬光大。

▲ 互联网发展历程

在后来涌现的许许多多新一代搜索引擎中，典型的成功代表是1994年的Yahoo和1998年的Google。Yahoo是斯坦福大学的两名博士生，大卫·菲鲁和美籍华人杨致远共同创办的超级目录索引，并成功地使搜索引擎的概念深入人心。从此搜索引擎进入了高速发展时期。Google是斯坦福大学的一个项目组开发出来的。目前，互联网上有名有姓的搜索引擎已达数百家，其检索的信息量也与从前不可同日而语。

互联网从阿帕网发展到现今的网络，发明了许许多多的网络技术，这些技术已广泛应用在各行各业的各种网络中，为信息时代的到来提供了强有力的技术基础。

（殷月明）

互联网的入口——ISP

ISP是国际互联网服务提供商的缩写,即是能够为用户提供互联网接入服务的公司。ISP是用户与互联网之间的桥梁,也就是说,我们上网的时候,计算机首先是跟ISP连接,再通过ISP连接到互联网上。互联网是由全球众多的计算机网络互联而形成的,是目前全世界规模最大、内容最丰富的计算机网络。基于互联网的新业务层出不穷,网络传送的信息类型也在向多元化方向发展,从当初只能单纯传送文本信息到现在可以传送语音、图像、视频等多媒体信息转变。通过互联网我们可以查阅新闻,搜寻各种产品信息,甚至可以实现在线交易。互联网上是一个信息的世界,而ISP的作用是为我们打开通向这个信息世界的窗口。

采用哪种ISP接入方式呢?这是我们需要关心的一

个重要问题，因为各种不同的接入方式受其线路特性和调制方法的影响，在数据传输效率上各不相同。比如我们要去便利店，可能骑自行车是一个好方法；而如果我们要去公司上班，可能乘公交车就可以了；但如果我们要去几百千米外的地方度假，也许开私家车，驶上高速公路才是一个好主意。采用不同的介质、不同的信号调制方式接入 ISP 的速度将各不相同。通常，我们根据数据传输的速度快慢把 ISP 的接入分为"窄带接入"和"宽带接入"两大类。

"窄带接入"一般只能提供几十至几百 kbps（千比特/每秒）的数据传输速率。传统调制解调器方式作为窄带 ISP 接入手段曾经辉煌过，但由于受传统网络技术的制约，它的最高接入速率为 56 kbps，现在已经很难适应互联网业务的发展需要了。为了提高 ISP 的接入速率，后来又出现了 ISDN 接入技术，通过在普通的电话双绞线上调制数字传输信号，使得采用 ISDN 接入 ISP 的最高速率可以达到 128 kbps。在早期的互联网应用中主要以网页浏览为主，对于这种应用模式，窄带 ISP 接入有一定的用武之地，但随着多媒体信息在互联网上的日益丰富，窄带接入就显得力不从心了，为此近年在大力推进"宽带接入"业务。

"宽带接入"顾名思义是较窄带接入速度更快、接入效率更高的网络接入方式，一般能够提供几百 kbps 至几十 Mbps（兆比特每秒）的 ISP 接入能力，目前业界基于普通电话线的 ADSL 宽带接入技术发展迅速。ADSL 是一种通过在电话线上采用高速数字调制技术实现高带宽互联网接入的技术。ADSL 是一种不对称速率的数据传送技术,其数据上行速率较低,一般在 512 kbps 左右,而下行速率最高可以达到 8 Mbps。由于目前普通家庭连接互联网,最多的应用还是进行信息查询或信息下载,所以 ADSL 提供的高速下行带宽恰好适合这种业务应用模式。

随着数据宽带接入技术的发展,在电话线上还能提供 ADSL2、ADSL2+、VDSL 等接入方式,为我们提供更快的 ISP 接入性能。另外,除了电话线路外,我们还可以通过一些其他介质实现网络互联,如通过光纤、电源线、有线电视线及无线信号等。其中光纤接入和无线接入方式是我们需要重点关注的宽带接入技术,因为光纤技术代表了终极高速的数据传输性能,而无线网络则具有最佳的接入灵活性。

想在家里享受网上冲浪的滋味,那就让我们来接入 ISP 吧。我们一般先要购买一台电脑,然后再决定采用何种联网方式(窄带或者宽带,这具体需要根据我们的用途及家里的线路情况而定)。根据不同的联网方式我们还需要配置相应的网络通信设备，一般这些烦琐的工作可以交由 ISP 公司来为你完成，你要做的就是去 ISP 公司的营业窗口提出申请，选择需要的接入带宽、付费方式等要求就可以了。另外，如果我们在局域网的环境下工作，只要把 ISP 接入线路与局域网连接，并通过一定的网络共享配置，就可以实现整个局域网中的计算机到互联网的接入。

为有效地管理和维护互联网接入业务，ISP 公司一般是通过对上网账号和密码的管理来完成的。上网账号即是用户的标志，一般由几个字母组成，它可以由用户自己确定，也可以是 ISP 分配的。为确保上网用户的合法性，还会为这个上网账号设置验证密码。在接入的时候，我们必须同时输入上网账号和密码，ISP 确认无误后，电脑才能连上互联网。个人的上网账号和密码要做好保密工作，否则有可能被别人盗用，如果盗用者用您的账号和密码来上网，那么盗用者的上网费用可就由您来负担了。同时，为了提高网络接入的安全性，ISP 一般还会对固定地点接入的用户账号与其固定的接入线路进行捆绑，在这种情况下，指定的用户账号和密码只能在指定的地点进行接入认证时才会成功。这就像你在马路上丢了一把房间里抽屉的钥匙，被人捡走了也毫无用处，因为别人是不会使用你家的抽屉的，所以这是提高网络安全性的一个好办法。

（徐文华）

网络世界的地址——IP地址

我们知道，在互联网上有千百万台主机，为了区分这些主机，人们需要给每台主机分配一个专门标识，它就是网络世界的地址——IP地址。如同通过家庭地址我们可以找到需要寻找的人一样，通过IP地址我们可以轻松地查找到每一台主机。互联网已被证明了它无可替代的价值，而作为互联网中每台主机的身份证——IP地址，则是互联网实现信息交互的基石。

在计算机中处理的IP地址是二进制方式的，每个地址长32比特，如"11011010000000010100000000100001"就是计算机中一个IP地址的表示形式。在人们的日常记录和记忆中如果也采用这种标记方式，显然非常的不方便，为了便于读写和记忆，人们采用了另外一种标记方法——十进制方式。即按8个比特为一个字节计算，把一个IP地址分为4个字节,每个字节转换成一个十进制的数字(这些数字应不大于255),四部分数字之间再用"."分隔,这样就组成了我们平时常见的IP地址。例如"上海热线"主机的IP地址可以表示为"218.1.64.33"。大家有没有发现上面那个地址与这个地址有什么区别呢?其实它们都表示"上海热线"主机的IP地址,只是采用了两种不同的表示方法,当然后者更易于人们的记忆和书写。

十进制表示的IP地址虽然比二进制表示的IP地址要简便一点,但还是不够形象化,为此人们又想出了一种接近日常语言表述的IP地址表示形式——域名地址。"域名"是IP地址的一种字符型表示方案,即采用具有一定意思的字符串来标识主机地址,IP地址与域名地址两者相互对应,而且保持全网统一。还以上海热线的主机IP地址为例,它的十进制表示方式是"218.1.64.33",对应到域名表示方式就是"www.online.sh.cn",显然域名要比上面提到的两种IP地址表示形式好记多了。为了在网络上实现域名的分层管理和查询,我们依靠一个叫"域名服务"的系统来完成。为了适合中国人的文字使用习惯,近年还出现了"中文域名系统",有了它,我们只要在电脑浏览器上输入汉字(如:"上海热线")就可以进行信息查询或实现其他功能了。

现在我们知道了 IP 地址的基本功能和表示方法，那么我们是否可以随意指定 IP 地址呢？回答是否定的。打个比方，我们如果想给某人打一个电话，就会拨通他的电话号码，而这个电话号码一定是唯一的，否则就无法正常接通了。如果在一幢公司大楼内有几百台计算机，那么我们就必须为每台计算机配置一个全公司内唯一的 IP 地址，然后它们之间才可以实现正常通信。而公司里的计算机如果要与互联网上的计算机通信，则要求我们使用的 IP 地址在全球范围内具有唯一性，因为只有这样才能在互联网上千百万台计算机中找到对方。为了实现和保障互联网应用，人们就必须在全球范围内对 IP 地址进行统一分配和管理。互联网信息中心就是负责统一规划和分配互联网中 IP 地址的国际性机构。

通常每个国家成立一个组织（在中国，即中国互联网络信息中心）统一向国际组织申请 IP 地址，然后再分配给用户。由于网络的规模有较大差别，有的主机多，有的主机少，所以根据网络规模的大小，我们通常对 IP 地址进行专业的分类：A、B、C、D、E 类地址，其中后两类为特殊 IP 地址。

A 类地址：该地址主要用于世界上少数的具有大量主机的网络，其网络数量有限，故仅有很少的国家和网络才可获得此类地址。

B 类地址：此类地址用于适量的、规模适中的网络，现在随着 Internet 的迅速发展，也很难分配到此类地址。

C 类地址：主要用于网络数多、主机数相对较少的网络，每个网络最多不超过 256 台主机。

D 类地址：特殊的 IP 地址，一般用于与网络上多台主机同时进行通信的地址。

E 类地址：特殊的 IP 地址，暂时保留，以备将来使用。

另外，根据 IP 地址的分配方式和使用 IP 地址的区域范围不同，我们还可以有多种 IP 地址分类方法。如固定 IP 地址、动态 IP 地址、公网 IP 地址、私网 IP 地址等。

IP 地址从诞生至今已有几十年的历史，当初设计时没考虑到会有如此大的应用规模，现在看来 IP 地址在设计上存在许多缺陷，其中一个主要的问题就是数量的匮乏。由于美国在第一代互联网上占尽先机，先行分配资源，导致中国 IP 地址明显不足，这样势必会制约中国互联网事业的发展，随着新的网民不断增加，如果不花大力解决好这个问题，恐怕会出现和"电荒"一样的"IP 荒"。

（徐文华）

互联网的检票方式——网络的接入和认证

在现实生活中,我们都有这样的经历,看电影必须要买票,乘火车前必须要买火车票,这些票证都是我们进入电影院和乘火车的凭据,有了这个票证,才能够享受服务。上互联网也是一样的,要想使用互联网的接入服务和业务,也必须要有类似的票证,这个票证用互联网的术语来讲就是用户名和密码,比如在使用 ADSL 接入服务时,电信运营商都会给用户提供一个接入账号和密码,这样用户在相关拨号软件中输入该账号和密码就可以上网了。

就像我们到达目的地的方式有很多种一样,有人可以乘坐火车去,有人可以乘轮船,还有的可以乘汽车去,而到达互联网络这个目的地,网虫们同样也可以用多种方式来上网,用互联网的术语来讲就是宽带接入方式

（也叫网络接入技术），随着宽带接入网建设的蓬勃发展，各种宽带接入技术也应运而生，目前我们常见的宽带接入方式有 ADSL 宽带接入、FTTB+LAN 宽带接入、Cable 宽带接入、WLAN 宽带接入等。

之所以有这么多的接入方式，是因为早在互联网络的兴起之前，老百姓家里都已经布有各种不同的线路，有电话线、Cable（有线电视线）、以太网线等，为了利用已有的线路资源，科学家们开动脑筋，发明了各种传送技术，对应于电话线就有了 ADSL 接入技术，对应于有线电视线就出现了 Cable 接入技术，而对于以太网线就有了 FTTB+LAN 的接入技术等，这些统统都是采用有线的接入方式。而对于 WLAN（无线方式）的宽带接入是在原来有线接入的基础上，采用了无线的方式，将具有无线接收和发射功能的接入设备，俗称"AP"，部署到用户家里，用户使用无线网卡连接到电脑，就可以和普通的接入方式一样上网了，它最大的好处就是可以无须网线，移动起来非常方便。

这样，老百姓通过选择所需的宽带接入方式，就有了进入互联网络的手段，但并不是每个人都有权利使用的，这就涉及了认证及交费的问题，如果把互联网络比作高速公路的话，认证和交费就是高速公路收费站必须要负的责任，我们在享受各种宽带接入的业务时，切记须认证和交费的。

对于认证的方式，生活中高速公路上有的采用手工发票的方式，有的采用电子卡片的方式，而互联网络上的宽带接入认证方式也有很多种。目前主流的包括：PPPOE 方式、DHCP+WEB、802.1x 等接入认证方式。无论采用哪一种接入认证方式，要想接入互联网都必须具备两个凭证：用户名/密码，以及合法的 IP 地址。下面我们来分别介绍一下上述三种方式下我们是如何获得 IP 地址以及使用用户名/密码来上网的。

PPPOE 是通信中的术语，它负责实现用户的电脑和网络上某一台服务器点到点的链路连接，并且分别利用 PAP 或 CHAP 等协议进行用户的识别和认证，通过认证后，用户的电脑就会获得一个动态的 IP 地址，有了这个 IP 地址就可以实现上网的功能了。在具体的使用过程中，用户的电脑里必须有一个称作拨号器的软件（见左图）负责拨号，同时还要将电信运营商提供给用户的用户名和密码输入到拨号软件中，通过认证后，就可以接入到互联网，进行网上冲浪了。目前大多数的 ADSL 用户都是采用此种方式接入互联网络的。

另一种接入认证的方式称为 DHCP+WEB，即：采用 DHCP 作为用户主机的 IP 地址分配方式，利用 IE 浏览器作为用户进行用户名和密码的认证界面，结合 Radius 服务器（负责认证功能）对用户进行认证。在实际的应用过程中，用户只要在相应的浏览器页面上输入用户名和密码就可以了，而不必再使用拨号器软件。这种方式广泛用于酒店、宾馆、公共场所等，原因就在于它的方便性。

　　还有一种接入认证的方式称为 802.1x 协议，该方式通过监控接入设备的认证端口打开或关闭的状态，对于合法用户（根据账号和密码）接入时，该端口打开，而对于非正常用户接入或没有用户接入时，则该端口处于关闭状态。这种 802.1x 认证方式是不涉及 IP 地址的分配过程，所以在安全性上有很大的漏洞，已经有了更为完善的协议方式来替代它，由于此类认证方式，并没有较大规模的应用，所以普通的百姓家里还没有应用此种认证方式。

　　至此，通过了互联网接入认证的关口，就像是已经获得了进入高速公路的通行证，可以自由自在地欣赏沿途的好风景。互联网络的应用认证，就是在互联网络接入认证完成后而进行的、针对某种具体应用（如 VOD 点播、游戏等）的认证，它的认证方法不是非常统一，有的采用通过特有终端的方式如：众所周知的传奇游戏和上海热线的棋牌游戏，就是通过它的游戏终端来进行认证，用户启动相应的终端软件，输入用户名和密码即可。而有的则采用通过 IE 浏览器的方式，在 IE 浏览器的页面上输入用户名和密码也可完成认证。目前网上的大多数应用认证都是采用上述两者之一来完成的。

　　从前面的分析和对比我们可以看到，现实生活中一些身份识别和认证的概念在互联网上都同样适用，所不同的就是互联网上采用数字和计算机技术来实现,而现实生活中采用票据或实物等方式来实现。

当然,现实生活中的一些不好的现象仍然会出现在互联网的虚拟世界里,比如冒充别人购物、盗用别人的用户名/密码,仿造别人的 IP 地址等等,我们在享受互联网带来服务的同时,也要注意保护自己,遵守相关的法律,创造一种安全、诚信的网络新生活态度。

(刘璋峰)

因特网

因特网是全球范围内的计算机网络,由不同类型、独立运行和管理的子网络构成。从类型上分为以太网、令牌环网、ATM 网等。从规模上分为局域网、城域网、广域网等。如今,因特网已经连接了许许多多的计算机,成为人们生活中不可缺少的信息交流方式。

信息高速公路上的交通规则——互联网通信协议

20世纪90年代中期，美国前副总统戈尔在介绍美国国家信息网络设施计划时，最先提出了"信息高速公路"一词，它非常形象地概括了以互联网技术为基础的信息网络结构。互联网是网络的网络，连接有数以万计的网络和亿计的主机。就好像交通运输要制定交通规则一样，在互联网上，为了确保信息通讯的有序进行，也必须有类似的"交通规则"，这就是通信协议。

协议实际上是一种广泛用于主机与主机之间、路由器与路由器之间、主机与路由器之间，以及应用程序之间进行交流的语言。是语言，就有语法规则，双方必须遵守规则才能交流，否则相互之间就没法交流。互联网通信协议是互联网上所连设备（如计算机主机）之间交换信息时必须遵守的一些规则和约定。

互联网最初发源于美国国防部的阿帕网，一个基本要求是，一旦发生战争，当网络的某一部分因遭受攻击而失去工作能力时，网络的其他部分应当能够维持正常通信。1964年，美国学者保罗·巴兰发明的分组交换网络技术，很显然是一个最适合阿帕网要求的技术，它的一个基本思想是，发送信息时，先把该信息拆分成若干个分组（俗称数据包），编上序号，把它们分开发送出去，然后在目的地再按序号拼起来。这就好像一份1 500页的机密文件，拆分成50份，每份30页，分别装入50个信封中，再请不同的人送到目的地。这些人选择的路线可以是不同的，一旦某一路线上遇到了敌人的阻击或被缉获而出了问题，可以通过另外的路线重新递送，保证机密文件完整和安全送到。理论上讲，互联网通信协议就是围绕这个思路而设计。

TCP/IP是互联网的基本协议。TCP负责把信息分割成一个个数据包，在另一端将它们重组、丢失时重新发送并保证它们顺序正确和数据完整，从而在不可靠的IP传送基础上提供了一个可靠的通信机制。IP则负责各个数据包的路由和寻径。看起来好像TCP做了所有工作，可是在互联网中，单单传一个数据包到目的地就是件非常复杂的工作。

首先需要一个地址，就好像我们寄信，需要在信封上写上收发信人的地址一样，这就是IP地址和TCP端口号。IP地址指明计算机主机连接在互联网上的什么地方，

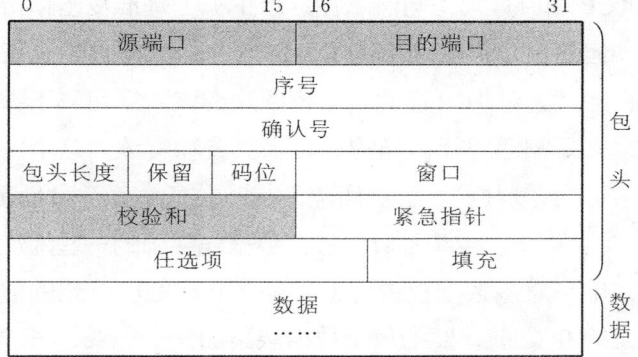

(a) TCP 数据包格式

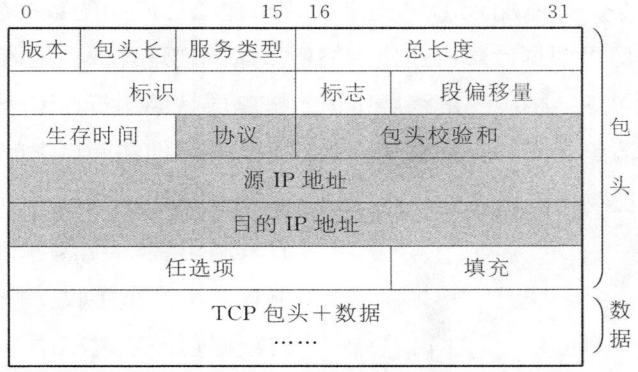

(b) IP 数据包格式

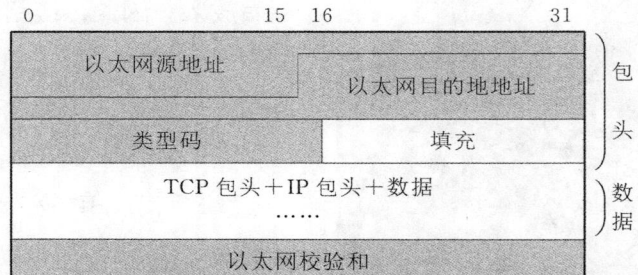

(c) 以太网数据包格式

◀ 数据包格式

而 TCP 端口号则指明信息在这台主机上是谁发出和接收的。但是，光有地址，还不足以使一个数据包到达正确的目的地。对 TCP 而言，它还要知道该数据包属于哪个连接，即知道用什么样的约定来交流和解读。这个任务通常称为"解析"。解析所需的信息位于一系列"header（包头）"中。包头是协议加在数据包头部的一些附加字节，用来对该数据包进行追踪。TCP 在把已分割的数据块交给 IP 之前，要给每个数据块添加一个包头，形成一个新的数据包。TCP 把这个数据包交给 IP 后，IP 形成 IP 包头，并添加到 TCP 交来的数据包上形成新的数据包。IP 层再根据计算机连接网络所采用的物理媒介，把该数据包交给相应的链路层协议。链路层就像运行在两个网络节点之间的一列高速列车，一刻不停地在两点之间运送货物。链路层协议把从 IP 层接收到的数据包往一节一

节车厢里装。当然，车厢也有大小，当接收一个大的数据包，超过车厢最大尺寸时，就要把数据包拆小后放入。因此，链路层也会形成包头，以便列车到达另一端后，能把数据包从车厢里正确地取出。

　　TCP 包头、IP 包头和以太网包头的格式如上页图所示。由图可见，包头

的格式基本上相似，都有一个记录数据发源地和目的地的地址域。目的地地址很好理解，有了它，中间的网关或路由器就知道数据包往哪里送，而主机就知道该交给谁。发源地地址有何用呢？通信是双向交流，必须把你的地址告诉对方，对方才可能给你回信息，这就好像把你家里的地址写在信封上的右下角一样，如果没有，对方就无法给你回信。

其次是指明上层是什么协议的域，即告诉另一端的对等层将该数据包应交给上一层的什么协议进行处理。这很重要，因为互联网是网络，每个网络采用的协议不尽相同，即使在同一个网络上，每一个协议层上用于不同业务的协议也很多，必须告知用什么协议来解读包头。应该注意的是，TCP 包头中没有此域，它是利用 TCP 端口号来指明上层协议的。

最后是 Checksum（检验和），它是将数据包中所有的字节相加所得之和。另一端在接收到数据包后，会重新再算一遍校验和。如果两者不一致，该包就被认为有错而被抛弃，并要求重发。当这些数据包被另一端收到后，所有的包头都会被移走，而且每层协议只移走各自的包头。

以上就是 TCP/IP 协议中的一些最基本的约定，网络中采用 TCP/IP 进行通信的设备必须遵循这些约定，才能达到正确通信的目的。

（殷月明）

网络快车——ADSL 技术

如今，家里拥有固定电话的用户数目十分庞大，"网虫"数量也日益增长。在网站上浏览新闻、观看 Flash 动画、联网打游戏、下载精彩电影、直接收看网上直播的电视节目等网络世界的生活，已经成为人们日常生活的一部分。

支撑这种生活的技术是什么？它就是被欧美等发达国家誉为"现代信息高速公路上的快车"——ADSL 技术。ADSL 中文名称为非对称数字用户线路，是一种新兴的高速通信技术。ADSL 之所以叫作非对称是因为用来向用户传输数据是高速率，而用来回送用户的信息只占用很小一部分带宽。

ADSL 是在原有电话线上进行跳线，独享带宽。只要加装专用的调制解调器，利用分频的技术，在普通电话线路的频率上划分为三个信道：一个高速向用户传输数据信道，富于图形和多媒体 Web 数据需要很大的下传带宽；一个中速回送用户信息的数据信道，用户信息相对较少；一个低速语音信道，作为普通电话线之用。三个信道同时工作，即在同一电话线路上分别传送数据和语音信号，上网的同时不影响电话的正常使用，真正实现上网、打电话两不误。

一般家用电脑都具有支持远程桌面功能 Windows 系统，如 Windows XP 版或 Windows 2000 以上的版本都支持远程桌面功能。由于 ADSL 在每次连通所产生的 IP 是自动随机获取的，每次都不一样，因此，必须安装可以实现"动态域名解析功能"的软件。这个软件的作用可以将域名指向任何一个动态的 IP，不管 IP 如何变化，域名都能解析到这个 IP 上，说得简单一点就是让电脑拥有一个固定的 IP，这个步骤至关重要，缺少这个软件就实现不了远程桌面功能。"动态域名解析"软件可以在许多网站上免费下载。在下载的网站申请成为会员，拥有护照。注册域名，这个域名是用来连接电脑的。等于给电脑申请一个电话号码，在任何地方打这个号码都可以连到电脑上。利用护照所提供的账号和密码激活域名，成为此网站客户。这样域名就和电脑捆绑在一起了。通过该域名可以轻松架设 Internet 服务器，制作个性化主页，让其他网友一睹自己的风采，随心所欲地构建网上家园。不管 ADSL 的 IP 怎么变化，电脑就如孙悟空逃不出如来佛的手心一样，完全在用户的掌控之中。

既然用户电脑可以被任何电脑连接，所以就需要特强密码了，密码最好是多位的，并且数字和字母相混合，如果用户记性较好，设置 10~20 位的混合密码，就可高枕无忧了。在网络连接属性中，对相关选项进行合理设置，优化网络，提高网速。在播放在线电影、音乐、下载电影、其他媒体时，最好根据 ADSL 带宽的大小，对相关软件工具的网络带宽模式进行合理设置，避免超过 ADSL 传输能力，数据量缓存溢出，造成 ADSL "休眠"现象。

现在拥有多台电脑（包括台式、便携式）的"网虫"人数不少，远端电脑依然可以使用家里的 ADSL 和电脑做喜欢的事情，做到真正一个人控制多台电脑，这样就能真正合理地利用 ADSL 资源。

远程桌面连接只不过是 ADSL 应用的一种。加个摄像头、麦克风又变成"可视电话"了。ADSL 技术还可应用高速访问互联网和其他宽带多媒体通信网，让用户体验急速上网冲浪的刺激、远程 LAN 访问（在家办公/远程办公室），尽情享受无拘无束的 SOHO（在家办公）生活，像面对面地和同事进行交谈一样，顺利完成工作任务。稳坐家中就能接受全球优秀的远程教育和远程医疗，获得图文并茂的多媒体信息，或者与老师和医生进行随意交谈、远程金融服务、家庭银行、网络信息、新闻服务、在线图书馆/出版物、远程电子购物、远程炒股、远程商务、随心所欲地点击数码世界的多彩影视（电影/电视节目点播）、VPN 虚拟专网、进行不同地点局域网的网间互联，实现信息的共享、互访和传递、交互式视频游戏等方面。经营 ADSL 的公司还可以向各 ISP（互联网服务提供商）提供端口批发业务，为各 ISP 接入用户提供 IP 承载通路等。未来 ADSL 作为一种高速接入互联网的技术将更具有生命力，在现代信息高速公路上行驶有飞一样的感觉。网络快车，将使用户享受真正精彩的互联网生活。

（谢 蔚）

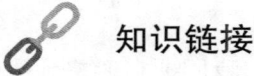
知识链接

ADSL 掉线处理方法

ADSL 掉线涉及多方面的问题，包括线路故障（线路干扰）、ADSL Modem 故障（发热、质量、兼容性）、网卡故障（速度慢、驱动程序陈旧）等等。运营商与用户应做以下常规检查：ADSL 电话线接头是否稳妥可靠；是否远离电源线和大功率电子设备；ADSL 入户线和分离器之间是否安装电话分机、传真机、计费器等设备；是否正确安装分离器；淘汰老式的 ISA 网卡，换成 10/100 M 的 PCI 网卡及最新驱动程序；ADSL Modem 散热是否良好；ADSL Modem 指示灯状态是否正常。

互联网世界的电子地图——搜索引擎

说到搜索引擎，我们把它形象地比喻为互联网世界的电子地图。在日常生活和工作、学习中，你一定用过地图或指向图。在具体使用时，只要知道和依据目的地、所在地或其周围的特征、参照物，即关键信息，再借助地图或指向图，就能找到想要到达的目标。类似于使用地图或指向图，以同样的功能和作用，搜索引擎依据所给出的关键信息，为我们在浩瀚、广阔的互联网世界中迅速而简便地寻找到所需资料信息的所在地，是专门为上网冲浪而特别定义和设计的，是互联网上最常用、最实用、最简便的应用工具之一。搜索引擎工作原理类似于建设中、大型图书馆时，为了便于图书的管理和查找，预先按照一定的标准或规范对馆藏所有的图书予以分析、分类、标引，再相应地建立（或更新）相关的目录和检索系统，搜索引擎只不过采用了大型关系型数据库技术、人工智能计算机技术和数据库智能挖掘技术等计算机和通信网络技术，实现了如信息分类、信息关联、关键信息建立和信息更新等绝大部分搜索功能的自动化。其应用又非常像使用电子地图。

实际应用搜索引擎时，最简单、直接、快速的方法是登录到像Yahoo（雅虎）（www.yahoo.com）、Google（www.google.com）和Baidu（www.baidu.com）等专门从事搜索引擎应用的网站上，按照自己的意愿和需求，在这些网站上相应的提示栏目中，以中文、英文或其他语言文字的方式，输入关键的字、词组、句或相关组合，即可轻轻松松地定位、寻找到所需内容所在网站和网页。接着，只需对搜索引擎所显现出来的结果作相应点击，就可查找到所需要的资料信息。当然，所需的资料信息在定位、查找之前，必须事先被这些搜索引擎纳入或关联。如果想更快速、更精确地找到一些所需的资料信息，首先，在输入关键的字、词组、句或相关组合的时候，应该保证这些关键信息更精确、更翔实一些。其次，有机会的话，在平时，要做个有心人，经常地应用某些搜索引擎网站，熟悉这些搜索引擎的风格特色、使用方法和使用技巧，进一步熟悉想查询的信息内容和常用网站，

▲ 威力强大的搜索系统

就会更轻而易举、快速便捷地达到查询目的。

除了基本的快速定位和查询功能外，互联网搜索引擎还有许多诸如将搜索结果的范围限制在某一个特定网站、排除某个特定网站网页、将搜索限制于某一种指定语言文字、查找关联和链接到某一个指定网页的所有网页、拦截网上令人厌烦的小广告、保护网络使用者隐私、清理网络信息垃圾、加速互联网信息浏览、便利日常生活、恢复某些被恶意网站攻击和篡改的网络浏览器上的有关选项等高级功能。对于不同的搜索引擎，虽然其风格特征、人机界面、应用方法不尽相同，所能搜索到的信息量和可用的语言也是不同的，但是，它们的本质和原理相同，在主体应用上却是大同小异的，极易学习和使用。

（凌　坚）

 知识链接

搜索引擎商务模式

现在搜索引擎的主流商务模式（百度的竞价排名、

Google 的 AdWords）都是在搜索结果页面放置广告，通过用户的点击向广告主收费。这种模式最早是比尔·格罗斯（Bill Gross）提出的。他于 1998 年 6 月创立 GoTo 公司（后于 2001 年 9 月更名为 Overture），实施这种模式，取得了很大成功，并且申请了专利。

AdSense 是 Google 于 2003 年推出的一种新的广告方式。AdSense 使各种规模的第三方网页发布者进入 Google 庞大的广告商网络。Google 在这些第三方网页放置跟网页内容相关的广告，当浏览者点击这些广告时，网页发布者能获得收入。AdSense 在博客（blogger）中很受欢迎。

雅虎的广告方式是 YPN（Yahoo Publisher Network），YPN 除了可以在网页上显示与内容相关的广告以外，还可以通过在 RSS（简易信息聚合）订阅中来显示广告。微软的广告计划叫 AdCenter。

信息时代的马其诺防线——防火墙

自从计算机网络诞生之日起,网络给我们这颗星球带来了无限生机,从最早的纯军事应用到如今各行各业,甚至每一个普通老百姓都可以利用网络给自己的生活带来便利与快乐。当我们享受网络世界那强大力量的同时,也无时无刻不受到来自其中的威胁。当网络兴起的时候,一个新的名词——"恶意黑客"也随之进入人们的视野。他们是网络上的不速之客,利用网络自身的漏洞进行有意无意的偷窃或者破坏,是来自网络的威胁之一。当计算机病毒开始利用网络作为它的新的传播媒介时,我们不得不承认在网络上又多了一个对手。这些威胁就像达摩克利斯之剑悬在了人们的头上,而防御和隔离这些威胁的重任就落在了防火墙身上。

防火墙的本义原是指古代人们房屋之间修建的一道

墙,这道墙可以防止火灾发生的时候蔓延到别的房屋。而这里所说的防火墙当然不是指物理上的防火墙,而是我们所要保护的内部网络和外部网络之间的一道防御系统。防火墙是内外网络数据的唯一出入点,它可以监控进出内部和外部网络的数据,根据事先定义好的规则和策略,使得那些被核准的、安全的数据得以通行,而对那些非法的、不安全的数据进行阻塞和丢弃,使它不能进入内部网络,以此来保证内部网络的安全。同时防火墙自身具有较强的抗攻击能力,它是提供信息安全服务,实现网络和信息安全的基础设施。

我们先来构造一个现实中的场景来比喻防火墙在内外网络通信之间所起的保护作用的一般过程,以此介绍两类基本防火墙。我们假设 Bob 是一家大型企业 M 的客户部经理,Alice 小姐是 Bob 先生的好朋友兼合作伙伴,Darth 是 Bob 所在公司的竞争对手所雇用的商业间谍,一直处心积虑地想混入 Bob 的公司盗取商业机密以谋取非法利益。最初的时候,M 公司没有采取严格的安检制度和完善的安全措施,任何人都能够自由地进出公司的大楼甚至员工的办公室。当 Darth 几次成功地盗取了 M 公司的客户数据后,Bob 觉得必须采取一些措施了。Bob 请来了 Rose,要她负责公司大楼进出的安全检查工作。Rose 知道自己的责任重大,并且也明白自己能够胜任这个工作。现在我们的场景已经搭好,Bob 和他所在的公司为内部网络,Rose 就是隔离内部和外部网络的防火墙,而 Alice 和 Darth 则处于外部网络之中,Alice 是来自外部网络的合法访问者,而 Darth 则是躲在阴暗角落的不怀好意的攻击者。通过 Rose 采用不同的安全策略,我们可以看到两类基本的防火墙。

其一,包过滤防火墙。Bob 列出了一张他所信任的人的身份列表,这些身份列表中列出了每一个受信任的人的姓名、身份证号码以及他所能访问的部门或人,公司只允许这些受信任的人进入公司。Bob 把它交给了 Rose。很快 Rose 在公司的进出大门口设立了安全检查站,每一位要求进入公司的人都必须首先出示身份证件和目的,Rose 把他所提供的身份证件和身份列表中的各项进行配对,如果配对成功则允许这个人进入公司,否则拒绝进入。Alice 出示了她的身份证件并且被允许进入了大楼,而 Darth 却因为拿不出合法的身份证件而无法再次进入大楼。

这一类防火墙侧重于对进出内外部网络的数据的来源和目的进行检查和过滤,根据事先定义好的访问控制规则,丢弃非法的数据,放行合法的数据。而该类型防火墙的弱点也是比较明显的,由于机制相对简单,没有对数据进行跟踪记录和审核,对一些复杂的攻击缺少相应的防御机制。

其二,应用级防火墙。

Bob 提出了更高的安全要求，所有的外来人员都不允许进入公司。于是 Rose 就必须采用如下的措施：任何想要进入公司的外来人员除了必须通过身份验证以外，他想要做的任何事情都必须由 Rose 进行操作，Rose 成了一名代理！今天，Alice 需要来取 Bob 的一份合同，到了公司大楼门口成功地通过了身份验证，然后，她对 Rose 说明了前来的目的，接着 Rose 一边请她稍候片刻一边转身跑向 Bob 的办公室，几分钟后 Rose 把那份合同递给了 Alice。Alice 得到了她所想要的东西，但是并非自己亲自去取，而是由 Rose 代劳。与此同时，Darth 经过上次的失败后总结了教训，制作了一张假冒 Alice 的身份，并且通过了 Rose 的身份鉴定。但是当面对 Rose 的询问"需要我为你做什么"时他却不能讲清楚，这一次 Darth 又失败了。

应用级防火墙又称代理服务器，该类型的防火墙侧重于将外部对内部的访问分离开，由防火墙来代理外部请求，转发给内部网络，当处理完成后又由防火墙将结果转发给外部网络访问者，由于外部网络不能直接访问内部网络，所以提高了安全性。

（李睿文）

网络世界的"110"——互联网应急中心

提起110,大家自然而然地会想到警察和公安局,110从一个统一的报警电话而成为警察和公安局的代名词。网络世界也有"110",网络世界的"110"和现实世界的110有怎样的区别?又起着什么样的作用呢?

在计算机和互联网不断发展和普及的今天,网络与信息安全的问题日益严重,所涉及的内容也十分广泛,如大规模网络蠕虫病毒事件、黑客攻击、木马病毒造成的泄密、病毒程序的传播与侵犯、互联网商业犯罪、互联网信息欺诈及互联网不良信息传播等。这些日趋严重的网络与信息安全问题甚至是犯罪行为,不仅让使用互联网的企业及个人用户蒙受了巨大经济损失,而且使国家的网络与信息安全和信息主权也面临着严重威胁。

在现实世界中,尽管存在着形形色色的犯罪行为,但是只要有公安局等司法机关存在，就可以遏制和打击犯罪，确保社会的稳定和安宁。而在网络世界里，同样需要有"警察"来维护治安，来打击虚拟世界里的网络与信息安全犯罪行为。互联网应急中心就是网络世界的"110"，它的主要职责就是负责与世界各国的互联网应急中心互相协调，并组织我国各地方、部门的计算机网络安全事件应急小组共同处理国家公共互联网上的安全紧急事件，为国家公共互联网、国家主要网络信息应用系统以及关键部门提供计算机网络安全的监测、预警、应急、防范等安全服务和技术支持。

当发生网络信息安全事件时，人们可以通过互联网应急中心的应急响应电话进行投诉或者"报警"，互联网应急中心则根据事件的性质和严重程度设定事件的安全等级，从而根据预先制定的，针对不同安全等级事件的应急处理方案，协调相关部门以及全国各省级互联网应

急中心，进行监测、验证和协调处理。所不同的是，目前，互联网应急中心还没有类似110这样全国统一的应急响应电话号码。

目前，最常见、也是危害最大的网络与信息安全威胁之一是网络蠕虫病毒。一般来说，网络蠕虫病毒是指利用网络或者计算机系统的软件程序中存在的某些安全漏洞，通过互联网进行自身的复制和广泛传播的一种病毒。什么是漏洞呢？打个比方，我们使用的操作系统和软件程序好比一座大院，进出大院必须从正门走，并接受检查，如果这个大院的围墙某处存在着一个可钻入的洞口，有些人就可以不用从正门而从这个洞口进出大院了，这样就逃避了大门口的检查。操作系统和软件程序存在安全漏洞，就好比院墙存在的洞口，使得网络蠕虫病毒不必提供用户名和用户口令就能轻而易举地进入用户的系统，从而进行传播和感染。2004年5月出现的"震荡波"蠕虫病毒就是其中的一例，它利用了被广泛使用的Windows操作系统中的一个安全漏洞，不但能够在网络上自动搜索系统有漏洞的计算机，并且还能直接引导这些计算机下载病毒文件并执行，从而在短时间内感染了大量计算机，导致计算机系统瘫痪和网络的大面积堵塞，造成用户无法使用互联网。

另一方面，互联网的广阔活动空间，使得网络世界的犯罪行为更加易于隐蔽，黑客们可以从世界上的任何地方发起攻击，从事破坏。例如，在网页欺诈事件中，一个人可以在美国入侵一台中国上海的计算机，然后，他可以在上海的计算机里面放入一个仿冒美国某个银行的网页，欺骗人们登录这个仿冒的银行网页，从而非法获得人们的信用卡账号和密码。要打击这种网页欺诈行为，必须依赖于美国和中国的互联网应急中心之间的协调与合作，同时也依赖于两国的互联网应急中心与两国的互联网服务提供商、司法等部门之间的协调与合作。互联网的全球概念，缩短了时间和空间的距离，这种特点使得越来越多的网络安全与信息安全事件要求并依靠全程全网的协调，互联网应急中心在协调过程中的核心地位不言而喻。

同时，互联网发展的技术特点，使得网络犯罪比现实世界中的犯罪更加复杂、更加隐蔽，决定了技术与协调在互联网应急中心工作中的核心地位。拥有足够的技术手段，合理地协调相关资源才能切实防范并打击网络犯罪行为。

正因为互联网的安全更多地需要依赖于技术上的手段，决定了互联网应急中心与现实世界中的公安110有着更大的区别，事实上，任何虚拟世界里的犯罪行为，都是由现实世界里的不法分子所为，而应急中心不像公安部门那样在现实世界里具有执法能力，而仅仅是在网络与信息安全事件中提供技术上的支持、协调和处理。因此在遇到网络犯罪的事件时，还必须同公安部门协调合作，共同打击网络犯罪行为。

（陆　钰）

互联网上电话号码的桥梁——ENUM

现在，人们通信的方式有许多种，但是不管哪一种通信方式，每一个参与通信的用户必须要有一个标识，如电话号码、E-MAIL 账号、QQ 号等。

在通信网上每个用户为什么要有一个标识呢？首先，通信的目的是为了人与人之间互相交流，每个人都有一个名字，有了名字，就很清楚地知道交流的对象是谁。其次，通信网络就好像一个庞大的城市交通网，连接在网络上的设备就好像分布在街道上的每家每户都要有一个地址和门牌号码，否则，出租车司机就无法将乘客送到目的地。也就是说，在通信网上一个用户的标识有两个含义，第一是名字（Name），即这个用户是谁，叫什么；第二是地址（Address），即这个用户在网络上连接在何处。

在通信网上，不管是名字，还是地址，均要求是唯一的，不能出现有同名的用户。因此，在联合国下面一个称为国际电信联盟的组织，在 1964 年的时候出台了第一个全球电话号码的编码规则，后来几经修改后按建议书形式进行了发布。由于这份建议书的编号为 E.164，按照这个规则编码的号码称为 E.164 号码。目前，大量电话通信的网络均采用 E.164 来编号其用户。

一个 E.164 号码由以下几部分组成，不同部分之间可以用 "-"、"." 或空格等连接：

+ 国家码（1~3 位数字）- 地区码（n 位数字）- 电话号码（15~n 位数字）。

例如：上海的一个电话号码写成标准的 E.164 格式应是：+86-21-58541240。

也就是说，一个 E.164 号码是由一串具有一定地理含义的阿拉伯数字组成，如 86 代表中国，21 代表上海，而 58541240 指的是一个电话用户，可以理解为是这个用户在电话网中的名字。一串号码指明了这是一个中国上海的用户。其实，上海的电话网不可能就靠一部电话交换机组成，所以，58541240 中还带有地址信息，通常是这个用户号码的前几位指明这个用户连接在网络中的哪部交换机上，而后几位指明这个用户连接在这部交换机上的哪个用户线路上。

那么，在互联网上为什么要用 ENUM，而不能直接使用 E.164 号码呢？

在互联网上，我们很少使用二进制的网络地址（IP 地址）来直接称呼主机、电子邮件信箱以及其他网络资源,而是使用一串 ASCII 字符来表达,如 emile.yin@alcatel-sbell.com.cn。但是,互联网自己本身只认识二进制的网络地址,因此,就需要有一套机制能在互联网上把这一串 ASCII 字母映射到互联网自己认识的二进制网络地址。这个机制就是所谓的域名系统 DNS(Domain Name System)。

DNS 是互联网上的一套命名规则和网络地址的解析方法,它们是 Internet 工程任务组(IETF)于 1987 年完成制定的两个协议。

DNS 的基本点是要有一个分级的、基于域名的命名规则,再利用一个分布式数据库系统来对这一命名系统实施。具体规则是,一个域名由若干个子域名组成,用点号分开,子域名由若干个字母和数字组成。域名的结构是分层的,就像邮政系统中的名字管理一样,要求信封上写明收信人的国家、省、城市和街道地址一样,使得同名但处在不同地点两个人能够正确地收到信。例如,"上海热线"的域名为 online.sh.cn 中,cn 表示中国,sh 表示上海,online 表示热线。如果,"上海热线"有几台主机,则可以在上述域名之前再加主机名来表示。如 www.online.sh.cn 是"上海热线"的万维网服务器,mail.online.sh.cn 是"上海热线"的电子邮件服务器。

很显然,互联网上对主机的标识方法同电话网上的方法存在很大差别。DNS 方法具有存取快速、结构开放等特点,而 E.164 号码有着广泛的用户基础,并且具有简洁明了和便于输入等特点。随着电话业务在互联网上的开展,以及融合业务的出现,提出了一种能使两者优势互补的技术，这就是 ENUM（tElephone NUmber Mapping）。这是 IETF 于 2000 年 9 月制定的一个协议。它定义了将 E.164 号码转换为域名形式放在 DNS 服务器数据库中的方法，每个由 E.164 号码转化而成的域名可以对应一系列的统一资源标识 URI（Uniform Resource Identifier），从而使国际统一的 E.164 电话号码成为可以在互联网中使用的网络地址资源。

　　ENUM 定义了一种转换、融合的机制，它定义的将电话号码映射为 DNS 系统中一条记录的过程如下：

　　第一步，将一个电话号码处理成一个标准的 E.164 号码的格式，如：+86-21-58541240

　　第二步，去掉除所有非数字字符，变成：862158541240

　　第三步，在每个数字之间加上域名分割符"."：8.6.2.1.5.8.5.4.1.2.4.0

　　第四步，再将数字序列翻转：0.4.2.1.4.5.8.5.1.2.6.8

　　第五步，在上面的数字串末尾加上".e164.arpa"，即：0.4.2.1.4.5.8.5.1.2.6.8.e164.arpa。其中，".e164.arpa" 是 IETF 建议的一个用来在 DNS 架构中存储 E.164 号码的顶级域名。由于这个顶级域将涉及各国的国家利益和国家安全等敏感问题，一直有争议。

　　有了 ENUM，通过一个电话号码，既可以打电话，还可以发传真、发 EMAIL 和浏览个人网页等。举例来说，可以将自己的电话号码加入 ENUM 的数据库中，并输入用户的各种联系方式，即将用户的固定电话、手机、传真、电子邮件地址、个人主页、语音信箱等与这个号码

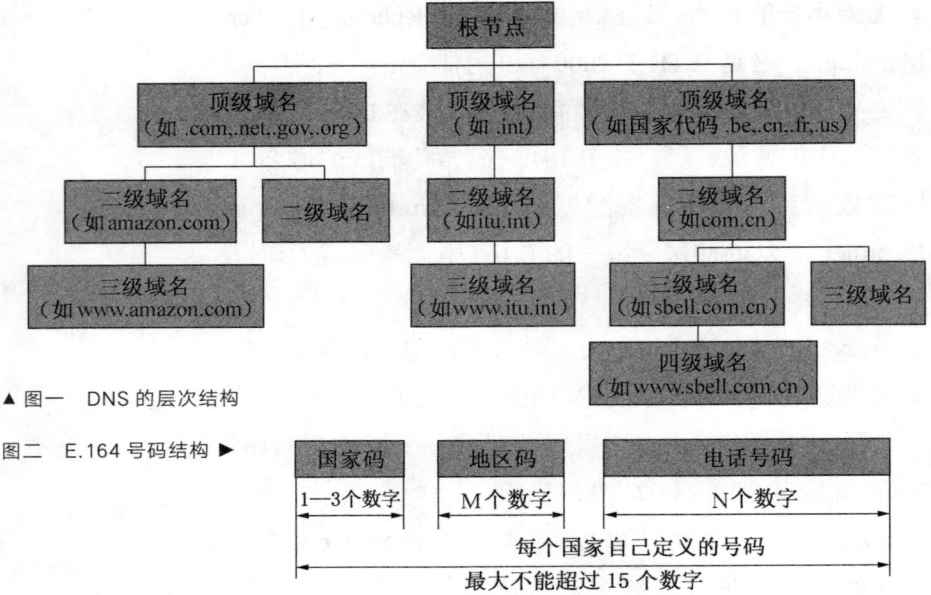

▲ 图一　DNS 的层次结构

图二　E.164 号码结构 ▶

相关联，用户的朋友只要记住用户的电话号码，就可以在不同地点、时间、从不同的终端上以不同的方式与用户进行联系。也可以在用户出差的时候，把打来的电话自动转到电子邮箱或转到个人主页的留言簿里，同时，还可以方便地用 PC 机或宽带电话和传统通信网上的电话通话。

　　E.164 号码是传统电信网络中使用的重要资源，DNS 系统是互联网的重要基础，ENUM 将两者结合起来，有益于传统电信服务向基于 IP 分组交换的方向发展，对促进两网的最终融合具有重要意义。

（殷月明）

家庭网络多媒体——IP TV

IP TV 就是一种使用户既可以通过电视机看电视，又可以通过电视机获取互联网资源的解决方案。

IP TV 是一种基于宽带网络，通过互联网协议（IP），以电视机（TV）为终端的交互式网络多媒体系统，可以为用户提供包括电视节目在内的高质量的多媒体服务（如下页图所示），具有良好的发展前景。

IP TV 集互联网、多媒体、通讯等多种技术于一体。IP TV 通过电视机加机顶盒的方式，以 xDSL（数字用户线）、以太网等宽带接入技术为接入手段，采用高效的视频压缩技术，将现有的语音业务、数据业务和视频业务结合起来，终端用户只需一种接入，即可享受多种业务，使家中没有电脑的用户也可以利用电视机上网浏览。

IP TV 理念在宽带接入的诞生之初就已出现，20 世

◀ 家庭 IP TV 网络

纪末微软公司的"维纳斯计划"也是一种 IP TV——实现通过电视机上网。但由于当时的技术和应用还不够成熟,如接入网络带宽未达到传输视频业务的水平,以及视频压缩技术和机顶盒终端的性能和成本的限制,致使"维纳斯计划"未能获得成功。随着数字高清晰电视技术的成熟及产业化、视频压缩技术的进步(支持 MPEG2/4 机顶盒的规模量产)、宽带网络的普遍部署(甚至光纤到户的部署,以及新的宽带接入技术将支持更长的距离、提供更高的带宽),以及数字版权管理技术的发展等,IP TV 的发展逐步具备了相当成熟的条件。

IP TV 可实现媒体提供者和媒体消费者的实质性互动,能根据用户的选择配置多种多媒体服务功能,包括数字电视节目、可视 IP 电话、DVD/VCD 在线点播、互联网浏览、收发电子邮件,以及多种在线信息咨询、娱乐、远程教育、远程医疗及商务功能等。IP TV 良好的视频和音频效果,能快速提升用户体验;基于电子节目单的互动操作模式,界面友好,继承了传统电视频道快速切换、浏览的优点,将老人、孩子和不会操作电脑的人也发展为宽带网络用户;IP TV 无须电脑,符合用户收视习惯,而且其充分的交互性和业务的新颖性、丰富性、差异性将极大地满足用户日益增长的娱乐消费需求。与传统电视相比，IP TV 的内容更加丰富，节目覆盖区域更大，运营成本更低。下图是 IP TV 业务示例。

IP 网络的数据传输和视频压缩技术是 IP TV 得以商用的关键技术。

IP 网络的数据传输有单播、组播和广播三种方式。单播指在发送者和接收者之间实现点对点的网络连接，如果一个发送者要同时给多个接收者传输相同的数据，也必须复制多份分别传输。假如大量的用户都要同时下载相同的影视节目，则将导致网络的拥塞，降低网络的服务质量。组播指在发送者和接收者之间实现点对多点的网络连接。如果一个发送者要同时给多个接收者传输相同的数据，也只需复制一份数据包。这样将提高网络

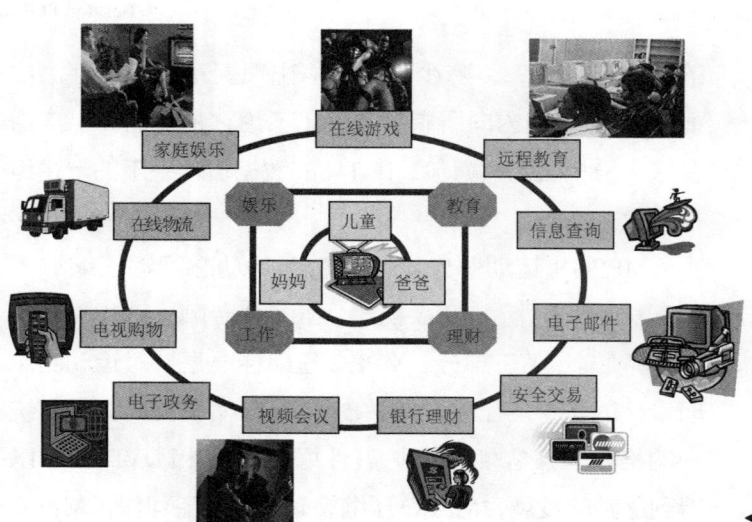

◀ IP TV 业务示例

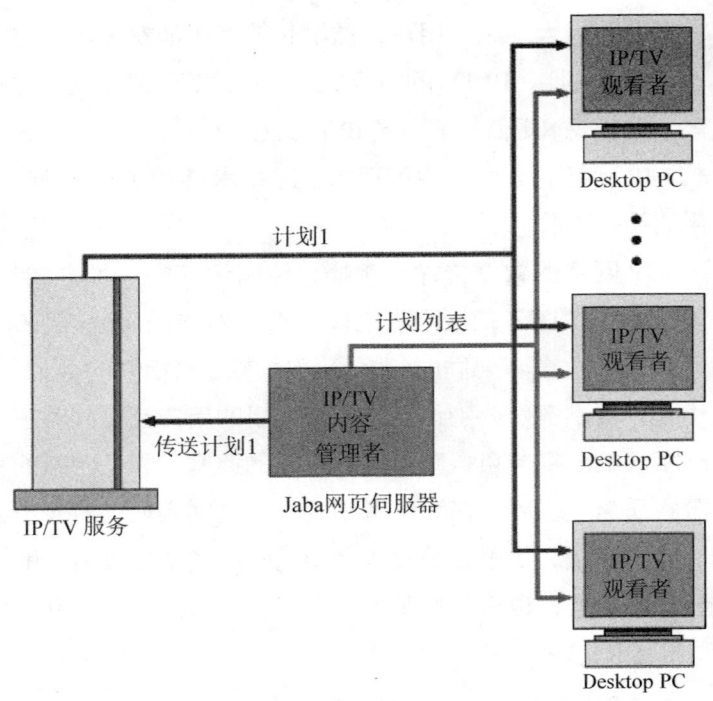

▲ IP TV

的数据传送效率，减少骨干网络出现拥塞的可能性。广播则在 IP 子网内向所有的主机（不论它是否需要）广播发送一份相同的数据包。IP TV 的数据传输采用的就是组播技术。

MPEG（运动图像专家小组）是动态视频压缩编码国际标准，包括 MPEG 视频、MPEG 音频、MPEG 系统（视音频同步）三部分。MPEG 压缩标准是针对运动图像而设计的，平均压缩比可达 50∶1，压缩率较高，具有统一的格式，兼容性和可扩展性好。VCD 和 DVD 之所以得到蓬勃的发展，MPEG 压缩编码技术功不可没。MPEG

有 MPEG-1、MPEG-2、MPEG-3、MPEG-4、MPEG-7 等系列标准。在 IP TV 中将应用 MPEG-2 和 MPEG-4 技术。MPEG-2 的码率达 10 Mbps，广泛用于有线电视、数字视频广播、高清晰度电视、DVD 等，在电视广播数字化中也发挥着重要的作用。MPEG-4 的最初目标是专门用于 64 Kbps 以下的甚低速率下的视音频编码，应用于移动通信、固定通信和电视电话等场合，后来 MPEG-4 也基于高级视频编解码标准，为标清、高清等视频节目提供比 MPEG-2 更为高效的压缩。MPEG-4 视频编码技术采用基于内容的压缩编码方法，具有很好的发展潜力。

（应必善）

 **知识链接**

IP TV 服务类型

用户在家中可以有两种方式享受 IP TV 服务：(1) 计算机，(2) 网络机顶盒＋普通电视机。IP TV 既不同于传统的模拟式有线电视，也不同于经典的数字电视。传统的和经典的数字电视都具有频分制、定时、单向广播等特点；尽管经典的数字电视相对于模拟电视有许多技术革新，但只是信号形式的改变，而没有触及媒体内容的传播方式。

迷人的信使——"伊妹儿"(E-mail)

"烽火连三月,家书抵万金。"这一千古传颂的佳句,表达了古人对信使的企盼和对亲人的思念。沧海桑田,日新月异。信件的传送经历了依靠徒步、坐骑、汽车、轮船、火车和飞机的演变,现在又出现了一个新的电子传送方式,人们把它称之为电子邮件。

电子邮件的英文为 Electronic Mail,简称 E-mail,因而有人音译为"伊妹儿"。每一个申请互联网账号的用户都会有一个电子邮件地址,这是一个类似于传统邮政中各家各户的门牌号码,或更确切地说,相当于用户在邮局租用了一个信箱。传统的邮递方式是邮递员将信送到收信人的家门口,而电子邮件则需用户自己去查看信箱,只是这种形式更加方便、随意和快捷。

电子邮件是怎样工作的呢?

电子邮件系统是一种新型的信息系统，它是通信技术和计算机技术结合的产物。电子邮件的传输是通过电子邮件简单传输协议这一系统软件来完成的，它是Internet下的一种电子邮件通信协议。

电子邮件的基本原理，是在通信网上设立"电子信箱系统"，它实际上是一个计算机系统。系统的硬件是一个高性能、大容量的计算机。硬盘作为信箱的存储介质，在硬盘上为用户分一定的存储空间作为用户的"信箱"，每位用户都有一个属于自己的电子信箱，并有确定的用户名，用户可以自己随意修改口令。存储空间包含有存放的所收信件、编辑信件以及信件存档等，用户使用口令开启自己的信箱，并进行发信、读信、编辑、转发、存档等各种操作，系统功能主要由软件来实现。

电子邮件的通信是在信箱之间进行的。用户开启自己的信箱后，以键入命令的方式将需要发送的邮件发送到对方的信箱中。邮件在信箱之间进行传递和交换，也可以与另一个邮件系统进行传递和交换。收取方在取信时，使用特定的账号从信箱提取信件，这一过程实质上是通过电子通信系统进行信件的书写、发送和接收。

电子邮件与传统通信在信息传输的方式上有极大的不同，电子邮件与传统通信相比具有明显的优势，其主要表现在以下几个方面：

一是发送的速度快。电子邮件通常在数秒钟内即可被送至全球任意位置的收件人的信箱里，其速度比邮政更为高效快捷。

二是信息多样化。电子邮件发送的内容除一般文字稿件外，还可以是软件、数据，甚至是录音、动画、电视或各类多媒体信息。

三是邮件收发方便。与电话通信或邮政信件的发送不同，电子邮件可以采取异步工作的方式。发送电子邮件不受"占线"或接收方不在的影响，收件人无须固定守候在线路另一端，用户可以在任意时间、任意地点，甚至是在旅途中收取电子邮件，从而跨越了时间和空间的限制，更为方便随意。

四是交流的对象更为广泛。同一个电子邮件可以极快地发送给网上指定的一个或多个成员，这些成员可以分布在世界各地，但发送的速度不受地域、气候等因素的影响。

E 示意图 ▶

五是价格便宜。电子邮件的最大优点在于其低廉的通信价格，用户只需花极少的费用，即可将重要的信息发送到远隔千山万水的另一用户手中。

六是安全性能好。电子邮件的软件是高效可靠的，如果目的地的计算机正好关机或暂时从互联网断开，电子邮件的软件会每隔一段时间自动重发；如果电子邮件在一段时间之内无法递交，电子邮件就会自动地通知发信人，提示发信人采取其他补救措施。因此，这是一种高质量、安全可靠的高速信件递送机制。

正是由于电子邮件具有使用简易、投递迅速、收费低廉、易于保存、全球畅通等优点，因而人们愈来愈喜爱这种交流方式。由于电子邮件已被广泛应用，它已使人们的交流方式发生了极大改变。

（苏 乙）

踏网而行，传遍天下——网络传真

顾名思义，所谓传真，就是"传递""真实"的东西，无论是印刷文稿还是信手涂鸦，无论是黑白文字还是彩色图片，只要把它放入传真机，瞬刻之间，这些内容都能在千里之外予以真实再现。传真机大都具有自动应答能力，因此无论何时何地，传真总能及时地将所传内容发送到目的地。正因为传真使用非常方便，在日常工作、生活中，传真已经成为不可或缺的通信工具之一。

然而，在进入计算机与互联网日益普及的时代，传真有时候就显得不那么"方便"了。例如，办公自动化已经日益普及，无纸化办公对于环保和提高办公效率都起到了很大作用，但是如果需要传真，仍然需要先打印成纸张，然后再传真；又如，通过互联网打网络电话，发电子邮件，大大降低了通信费用，但是如果是传真，还是需要拨号，甚至是长途或者国际传真，不能享受互联网带来的便利。有没有通过互联网，又不需要预先打印的传真方式呢？当然有，它就是网络传真。

要了解网络传真，还是先从传真说起吧。传真的过程，就是将纸张上的内容通过光学扫描等方式，转化成电信号，然后通过通信网络传递到另一端，再根据电信号，用感光或者打印等方式将内容还原出来。简单地说，传真可以被认为是一个转化、传递、还原的过程，发送方和接收方都是普通传真机，并且用电话网来传递。

网络传真也同样需要转化、传递、还原这样一个过程，发送方和接收方可以是计算机，也可以是普通传真机，而且主要是通过互联网来传递。在发送方和接收方都是计算机的情况下，计算机里的电子文档按照网络传真的标准协议转化为网络传真格式，然后通过互联网传递到另一端的计算机里，再按照网络传真的标准协议还原成电子文档。在这种情况下，就不需要预先打印而发送传真了，真正实现了无纸化办公。

而当接收方或者发送方之间一方是普通传真机，或者两方都是普通传真机的情况下，由于普通传真机只是与电话网相连，不能直接接入互联网，因此在发送端的电话网和互联网之间要有一个转接服务器。转接服务器与电话网和互联网都有接口，它不仅完成从电话网到互联网的转接，而且将普通传真机通过电话网传递来的电信号，转化成网络传真的格式，再通过与互联网的接口发送到互联网上。同时在接收端也要有这样一个转接服务器，不过与发送端做的事情刚好相反，它是将互联网上传递过来的网络传真格式还原成普通传真机可以识别的电信号，再通过电话网传递到普通传真机上，最终完成整个传真过程。当然，如果有一方是计算机，在这一端也可以不需要转接服务器。如果把发送端和接收端的转接服务器放置在当地，在发送传真时，只需要拨号到当地的转接服务器，中间的传递利用互联网，到了接收端的转接服务器，再拨号到当地的传真机，这样就无须拨打长途电话，可以节约大量通信费用，从而享受到互联网带来的便利。由于发送端和接收端的转接服务器所做的事情比较类似，因此通常这两个服务器会合二为一，称之为传真服务器。

网络传真的传送方式主要有两种，一种是实时传送方式，就像普通传真机一样，在发送的同时，接收方就收到了；另一种是存储转发方式，发送方将传真发送到传真服务器上时，传真会先存贮在传真服务器上，然后传真服务器根据用户的特殊需求，如定时或者预约发送等，或者根据网络的繁忙程度等，再把传真发送出去。

网络传真的格式主要有两种，一种是利用电子邮件的格式，将传真变成一种特殊的电子邮件，这样在计算机端的用户就可以直接用电子邮件的方式来收取和发送传真；另一种需要在计算机里安装相关的软件，直接将传真信息放在特定的网络协议包中，利用特定的网络协议格式来传递信息。如果是利用普通传真机来发送和接受网络传真，那么不需要对普通传真机做任何改动，只需要记住当地传真服务器的接入号码就可以了。如果是计算机用户要开通网络传真服务，用户需要从提供网络传真服务的运营商那里获取一个用户号码，就像普通传真机需要一个传真号一样。

也许有人会说，如果两端都是计算机，传递文件的方式有很多，比如直接利用电子邮件就可以了，为什么还需要网络传真呢？的确，在这种情况下，网络传真只是传递文件的可选方式之一，但是传真的历史非常悠久，传真已经成为一种非常普及的、常用的通信方式，不可能在短时间内消失，就像虽然计算机和互联网也能传输语音，但是普通电话和电话网还是依然存在一样。而网络传真的出现，正为计算机、互联网和普通传真机、电话网之间建立了一座沟通桥梁，使我们在互联网时代，依然能享受传真所带来的便利。

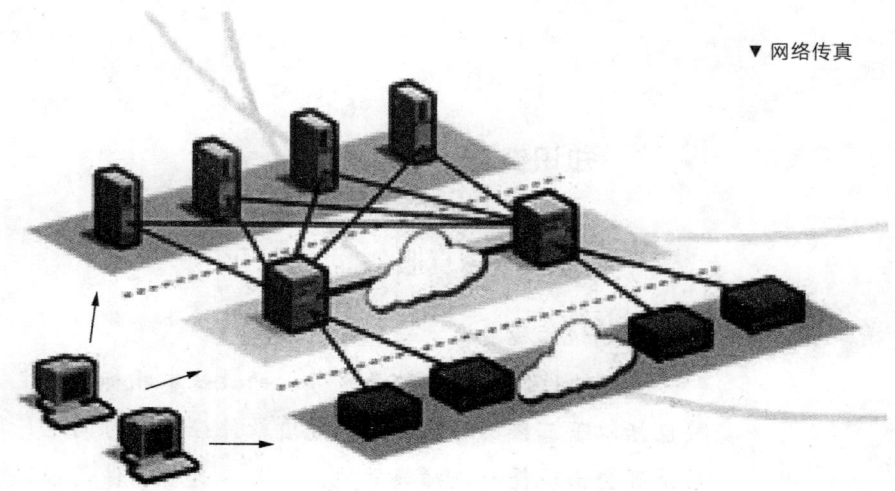

▼ 网络传真

与普通传真相比，网络传真除了具有可以更好地实现无纸化办公、节约通信费用等优点外，网络传真还具有很多独特的优点。例如，只要设定好接收方的名单，无论接收方是计算机还是普通传真机，一次就可以把一份传真，发送到多个接收方手里；又如，如果想让远隔重洋的客户早上一上班就收到你的传真，那么只要算好时差，开启预约发送就可以了，无须在传真机旁等待；还有在发送失败以后，会自动重新发送；不仅具备较高的清晰度，而且传真内容易于保存归档等等。

互联网的出现是人类通信方式上的巨大进步，所有传统的通信方式都会在互联网时代寻找到新的表现形式和新的生命力。传真也不例外，当传真插上互联网的翅膀以后，必定能踏网而行，传遍天下。

（杨海军）

 **知识链接**

传真服务器的选购

1. 系统的稳定性

稳定的性能是选购传真服务器的最基本指标，它主要包括以下三条参考项：其一是看软件经过长时间运行后是否会出现僵死或瘫痪的现象；其二是看软件是否占用了过多的系统资源；其三是看当传真量特别大时，服务器系统（包括软件部分和硬件部分）能否持续承受大任务量的压力而不出现异常。

2. 对各种传真设备的兼容性

据统计，同等条件下，兼容性不高的传真服务器的收发成功率不到80%。而兼容性高的传真服务器的收发成功率可以达到98%以上。如此明显的差异就要求我们在选购时要格外注意产品要具有良好的兼容性，避免因传真收发不正常给公司的业务带来损失。

3. 易用性

在快节奏的工作环境下，我们要求软件操作时上手简单，易学，尽量方便和人性化。毕竟公司内部员工的计算机水平参差不齐，花费大量的时间和人力来培训是一件令人头疼的事，对于员工也是一种负担。

编织企业成功之网——MPLS-VPN 虚拟专网

现代化的通信使沟通成为一种现实。企业之间的沟通除了要实现一般意义上的信息交流外，还要保证信息交流的安全可靠，一直以来企业在与外界的信息沟通方面投入是相当高的，为了满足信息交流的安全性，第一代企业网络构筑在租用电信运营商的专用线路基础之上，由于这个网络属于该企业内部使用，是一个私有网络，习惯称之为"专网"。

"专网"解决了当时公共网络不能解决的安全问题，它的应用在不断扩大，但是企业也为之付出了巨额费用。20世纪90年代末，互联网进入大发展时期，企业普遍接入了互联网，出于安全方面考虑，企业用户用的是两张不同的网——"公网"和"私网"，公网用来访问公共信息，私网用来访问企业内部信息。两个网络并存的情况持续了很长一段时间，当时就有人提出"为什么不在公共互联网上组建企业的私有网络呢？"答案是肯定的，经过科技人员的努力，现在我们已经有能力解决这个棘手的问题了。在公共网络上架设企业网络，为了使其区别于真正的"专网"，业内人士给它起了个有趣的名字，"虚拟专网"。当然研究机构提出了很多不同的实现"虚拟专网"的办法，MPLS-VPN——多协议标记交换虚拟专网就是其中的一种。

通俗地讲，采用多协议标记交换的虚拟组网在网络上的实现就像一列火车，需要传送的信息就好比火车上的邮包，在起点站出发时我们都会在邮包上贴好标签表示要寄到某某地点，每当列车经过中间站点时我们并不打开邮包而是通过检查邮包上的标签来确定是否到了目的地点，如果没到达目的地邮包将继续按照标签上的地点行进，当发现已到最终目的地时，邮包将按照要求解下标签并分发给最终客户。

多协议标记交换的优势在于在最接近企业用户的地点将信息打包，提供选择信息发送方向的功能，使企业的信息交流更加快速同时又保障了安全。我们可以设想有这样一种专用的设备，它的用途是用来给要发送的邮包打特定格式的标签，这个设备就放在离企业用户最近的火车站，我们称之为多协议标记交换边缘路由器。企业所要发送的信息在打包并贴上标签后被送到火车站，在火车要经过的站点里有这样一种设备，它的作用是检查邮包的标签来判断是否到达目的地,并负责高速转发邮包,这个设备称之为多协议标记交换核心路由器。当然在企业用户那里还要用到这样一种设备,让它负责把需要发送的信息打成符合要求的邮包,并交给当地的运输部门比如火车站,这个设备我们就叫它用户端边缘设备。有了以上这些设备并配合一定的流程,企业用户的信息就能快速安全地寄到目的地了。

当然,多协议标记交换不仅要将信息快速安全地送到目的地,还要在信息的数量和传送的质量上得到一定保证。由于在公共互联网上同时传输大量的数据,如果不采用一定规则,信息包的分发可能会比较混乱,甚至会出现信息包丢失或相互争抢道路的现象。我们可以在生活中找到这样的例子:铁路是公用的,在铁路上运行的火车也会出现上面所说的情况。这时就必须提供运载能力不同的机车,还要安排不同等级的车次如一般列车、快速列车、特快列车等。同样的多协议标记交换也制定了类似规则,有了规则的保证,企业用户就能放心地在公共网络上发送信息了。

公共网络资源为人们提供了廉价的信息道路,但是大家的信息都在上面跑,人们开始怀疑信息的传输是否安全和准确?于是,出现了大量组建私有网络的办法,多协议标记交换就是其中的一种。就像运输部门提供火车和汽车一样,运营商提供类似的运输工具,把人们需要传递的信息打包后放在里面,可是有些企业的要求会很高，如要求放更多的信息，还要在规定的时间里运到目的地，因此就出现了相应的规则。多协议标记交换所提供的分配信息道路大小和服务质量保证规则使人们有办法满足企业的这些需求，就像运输部门可以对那些要运输大量货物和对时间要求苛刻的业主提供大功率的牵引机车并安排特快列车予以满足一样。

（江小鹏）

 知识链接

VPN 产生背景

- 近年来，全球企业并购重组之风愈演愈烈，而企业本身也向跨地区、跨国化发展，这就导致企业的各分支机构遍布全球各地，它们之间的网络基础设施互不兼容的问题也变得更为普遍、突出。
- 企业间的合作、企业与客户间的联系愈来愈广泛、紧密，这也需要更方便、经济的网络支持。
- 经过全球金融风暴的无情洗礼后，许多企业受到不同程度的冲击，能够继续生存的无不费尽心机想提高其竞争力。
- Internet 的使用日益广泛，其触角几乎伸到世界的每一个角落，已成为世界上最大的广域网。VPN就是在这样的环境下异军突起的，成为服务提供商获得更大利润、企业节约开支的手段。

当用VPN进行远程访问时，只需付市内电话费，节约了昂贵的长途电话费；可以大大节约链路租用费、设备购置费以及网络维护费，减少企业的运营成本。

城市的信息高速公路——城市信息主干网

高速公路大家都知道,坐车时如果行驶在高速公路上,那就会感受一个字"快"。如果把各地的高速公路连接在一起,就形成了连接全国各省各地的高速公路网,为人们出行带来方便,同时也促进社会经济发展。

今天我们要说的不是普通的高速公路,而是信息高速公路。什么是信息高速公路?信息高速公路是不是也会给人"快"的感受?它又能为我们带来什么?

随着时代的发展,越来越多的人开始使用电脑,并通过互联网获得各种信息。互联网就像是一个庞大的信息库,只要你在互联网上,就可以从中源源不断获取最新最迫切想要的信息。

从60年代起互联网的雏形已经出现,那时候的信息都是一些文字信息,传递一个英语字母需要8个比特信

息,那时候最快的电话 MODEM 传输速率是 2 400 比特,即每秒可以传递 300 个字母,相当于 30 个英文单词,没有人能在一秒内读 30 个单词,因此这样的信息传输速率已经完全满足那时候的要求。但随着新技术的发展,信息传输不再是以文字为主了,文字、图片、音乐、动画、电影等多种信息出现了,也就是我们所说的多媒体信息,一张普通的 VCD 大概是 600 多兆字节,可以放 1 个小时,因此每秒需要传输 800 千比特的数据才能满足正常收看的要求。而对于 DVD 格式的影片,每秒至少达到 4 M 比特才能取得较好的收视效果,这个数据传输速率是 20 世纪 60 年代的 1 000 倍以上。而这只是一个人的行为,如果全世界的人都想传输多媒体信息,那将产生极高的数据流量,这是早期互联网无法想象的。

为适应越来越多的信息传输对高带宽的需要,美国最早提出了信息高速公路这个概念——"信息高速公路是指以高速网络做承载,把由多媒体数据库以及网络计算机组成的图、文、声、像等超量信息,向人们快速传输的服务"。

信息高速公路有多"快"?我们举个简单的例子,现在普通家庭计算机硬盘大概是 40 GB 左右(大概是 8 部 DVD 影片),如果把这个硬盘装满东西并把里面所有的内容传递到一个远在几十千米外的另一台计算机上,通过信息高速公路传输完成只需要不到 1 分钟时间,而用最快的 MODEM 传,起码也要 70 天。这就是高速和低速的差别,不是相差好几倍,而是相差好几个数量级。当然实际上不可能这么快,并不是网络上传的不够快,而是现在硬盘读写速度还跟不上。

信息高速公路的"路"又是用什么做的呢?当然不是沥青和水泥,它是由光导纤维组成的光缆。一根细如头发丝的单股光纤,可以同时传送 50 万路电话和 5 000 个频道的电视节目,是不是比我们经常走的高速公路还"宽"?信息高速公路既然是由光导纤维组成的,所以在上面开的"车"是一束束激光。计算机把信息数字化,然后由网络接口把这些数字化信息通过激光束来传递出去,这也是信息高速公路为什么这么"快"的原因。

和高速公路组成城市公路主干网一样,信息高速公路组成城市信息主干网。而把光纤连接成这张网的是一台台高速路由器和交换机,它们同时也像一个个交通枢纽,把信息准确从主干网上一端传递到另一端。归纳起来,城市信息主干网就是指通过高速传输和高速交换路由技术建立一个覆盖城市范围的高效、大容量、高带宽的光纤网络。

信息主干网结构上是分层次的。最基本的架构包括核心—边缘3个层次，核心层通常是几个重要信息交换节点通过 10 G—40 Gbit/s 速率光纤互连，核心层向四周延伸形成边缘层，边缘层通常通过 2.5 G—10 Gbit/s 速率光纤连接核心层，整个网络呈现发散状"星"形结构。而宽带用户可通过 ADSL、FTTB+LAN 或有线电视接入到这样一个极高速的网络中，享受高速上网所带来的乐趣。

以前组建信息主干网的路由器、交换机这些设备都是国外厂商提供的，随着近几年国内 IT 业整体技术水平的提高，一些国内厂家的设备不但价格便宜，而且性能上已经能和国外厂商相抗衡，也进一步推动了各地信息网的建设。这几年我国的信息高速公路建设也很快，很多城市都建设了城市信息主干网，并提出了"数字城市""数字办公""数字生活"等新概念，国家为此还在"863"高技术计划中开始研究我国信息高速公路全国性规划。

随着网络触角渗透到城市的各个角落，人们的生活也会变得不一样，信息高速公路将彻底改变人类的工作、学习和生活方式，其影响将超过今天的铁路与高速公路。

（陈　怡）

IPv6：下一代互联网协议

我们知道，在计算机里所有的数据都是用二进制 0 和 1 表示的，在网络上传输的数据同样也不例外，只能是一连串的二进制数据。目前使用的互联网地址就是用 32 位二进制数表示的，叫作 IP 地址。这里的 IP 就是互联网协议的意思。所谓协议，可以认为是一种标准的格式，例如我们写信封时都必须遵守标准的格式：第一行写邮政编码，第二行收件人地址，第三行写收件人姓名，最后是发件人地址姓名。这样，我们写的信才能被准确地投送到收信人手中。同样为了让互相通信的计算机能够识别对方发来的这些二进制数据，知道其含义，我们需要约定数据发送的具体格式，先传什么，后传什么，这样的约定就是通信协议。协议是网络通信得以进行的基础，通信双方必须使用同一种通信协议才能进行通信。网络专家们已经开发出了很多种通信协议，IP协议就是其中最重要也是使用最广泛的一种，它是互联网通信的基础协议。我们常说的IP地址就是IP协议里定义的计算机地址，网络上的每台计算机都被分配了一个唯一的IP地址，这台计算机在网上就通过这个地址和别的计算机通信。

现在使用的互联网是基于IP协议版本4上的，也就是IPv4。既然IPv4已经在互联网上使用而且工作得不错，为什么还要升级到IPv6呢？一个主要的原因是IPv4的地址长度仅为32个比特，只能容纳大约43亿个地址，随着互联网的快速发展，这些有限的地址空间将很快耗尽，估计在2005—2010年间将被分配完毕。另外，众所周知，IPv4源于20世纪60年代美国国防部的一个研究项目，其设计目的是提供一种通信网络，即使部分节点遭到破坏，路由器仍会自动选择备份路由到达目的地。由于设计上的局限性，它的很多特性已不再能满足现代通信的需要，例如，在网络性能、安全性、可移动性等方面，都需要一种比IPv4更强大的通信协议来实现这些功能。

IPv6是更新版本的互联网协议，它的提出最初就是想通过扩大地址空间，促进互联网的进一步发展。IPv6采用了128位地址长度，几乎可以不受限制地提供IP地址。按保守方法估计，地球上的每平方米面积上可分配到大约1 000多个IPv6地址。未来的网络应用都需耗用大量的IP地址，例如智能家庭里的数字电视、冰箱，还有手机、PDA等设备，由于IPv6提供了足够IP地址资源，从而使这些新设备接入网络成为可能。

除了提供更多的 IP 地址，IPv6 在性能上也有很大提高，网络速度更快了。当数据在互联网上传送时，都要经过路由器的处理和转发。路由器需要逐个解读每个数据包的目的地址，然后进行转发。由于 IPv6 极大地简化了数据包头的设计，同时采用了更合理的地址分层管理方式，使路由器得以更快地处理数据包，从而提高了网络的整体性能。IPv6 的特殊数据包头设计还改善了网络的 QoS（服务质量）性能，这是因为 IPv6 在包头里加入了特殊的业务级别和流标记。当路由器看到数据包里的流标记时，就可以进行相应的优先级处理。例如，对于实时性要求较高的视频应用，可以给予较高的优先级别，而对于实时性要求较低的 E-mail 应用，则给予略低的优先级别。

和 IPv4 相比，IPv6 还新增了对即插即用和移动性支持。现在当我们设置一台电脑时，必须人工设置 IP 地址、子网掩码、缺省网关等相关参数。而 IPv6 可以使我们做到真正的即插即用，设备一旦接入网络就可以通过自动配置、自动获取 IP 地址及必要的参数，简化了网络管理。IPv6 还真正实现了移动 IP 的概念。我们知道，现有的 IPv4 协议是针对固定节点之间的通信而设计的，并没有考虑移动的问题。例如，当一台笔记本电脑从公司网络切换到家庭网络时，就必须重新设置 IP 地址和其他参数，通信也会随之中断。IPv6 定义了许多实现移动 IP 需要的新功能，使网络节点在移动时可以不断开连接，并且还能正确地收发数据包。

IPv6 使网络安全性有了更好保证，它采用了一种被称为 IPSec 的技术，为上层协议和应用提供有效的端到端的安全保证。另外，IPv6 更好地实现了多播功能，多播就是一台电脑发送多台电脑接收的意思。和点对点传送相比，多播是实现网络课堂、视频点播等应用的更好选择。

随着电信市场的发展，数据业务量将逐渐超过话音业务量，因此各家电信设备厂商和运营商都加紧了对下一代网络开发和试验。无论是 NGN，还是 3G，其核心网的信息传递都将以 IPv6 的方式进行。IPv6 作为互联网协议，具有十分广阔的应用前景。

（余 韧）

 知识链接

IPv6 特点

IPV6 地址长度为 128 比特，地址空间大大增大了；使用一系列固定格式的扩展头部取代了 IPV4 中可变长度的选项字段；简化了报文头部格式，字段只有 7 个，加快报文转发，提高了吞吐量；提高安全性。身份认证和隐私权是 IPV6 的关键特性；支持更多的服务类型；允许协议继续演变，增加新的功能，使之适应未来技术的发展。

下一代网络——NGN

通信网络的技术发展到现在,已经完全可以用"日新月异"来形容了。人类对科技孜孜不倦的追求,促使我们拥有越来越方便、快捷的生活。网络的概念尤其体现出这个特点。最初第一根穿过大西洋的电话线网络,就已经开始了它飞速发展的历程。如今通过网络,我们可以把语音、数据、媒体流等信息传递到世界的各个角落。例如:通过电话网,人们给远方的亲友送去节日的问候;通过因特网,跨国公司给世界各地的子公司发送会议通知;通过有线电视网,广州市民可以清晰地看到宁夏电视台的节目……正是因为有了网络,才让我们消除了距离的障碍。

但是,随着网络应用的日益广泛,旧的网络模式的弊端也日益显现。

首先,由于各个网络之间相互独立,而且传递信息的格式各不相同,导致了不同网络之间的信息传递变得非常麻烦。例如:电话交换网上普遍用的是模拟电信号,通过交换机来临时搭建话路,当用户通话完毕后,话路就被及时释放了,而一切在互联网上传递的消息都是数字信号,所有消息都会被分解成一长串的0和1,通过网络传递到另一个地方后再被还原为我们所能理解的信息,因此,如果要在两个不同网络之间传递消息时,就需要在它们之间开发相应的接口程序。根据简单的计算我们就可以得出:如果有 n 张网络要互通消息的话,我们就需要对应开发 $n\times(n-1)/2$ 个接口程序。面对着越来越多的通信网络,这样的接口数量最终会成为制约网络技术发展的瓶颈。

其次,现有的不同网络,由于其开发、建成的时代不同,在使用的技术方面也有较大的差异。例如:我们现在使用最频繁的电话交换网,由于其开发的年代较早,与后期发展起来的互联网、智能网等相比,有不少技术上的劣势。其中最显著的一点就是在电话交换网上开发新业务的技术难度较大。究其根本原因,是交换网的控制层与应用层没有相互独立,导致牵一发而动全身的局面,一个小小的新业务就有可能会需要整个交换网的全面升级。

为了彻底解决类似的一系列问题，人们提出了一个"大网络"的构想。这就是本篇文章要介绍的主题——NGN。

NGN（Next Generation Network），中文名字被称为"下一代网络"，是在2000年左右才开始被大众所熟悉的概念。那到底什么是"下一代网络"？

首先，所谓下一代网络，是针对我们现在所使用的"这一代网络"而言的。

在上文中我们提到：由于我们"这一代网络"中，各个网络之间相互独立，导致网络之间的消息传递变得非常麻烦。而在NGN里，人们可以传递语音、数据、媒体流等多种类型的信息。而把这些内容统统融合到一个网络，也便于集中控制管理，以及促进不同信息流之间的协同合作。这就是NGN中最重要的"多网融合"思想。

NGN 还有个显著特征是分层结构设计。特点就是整个网络层次分明，就像一个奶油蛋糕一样，奶油和蛋糕之间有明显的层次分别。那么从科学技术的角度来说，什么是分层结构呢？

如左图所示：从下到上，我们把 NGN 的架构分解成接入层、承载层、控制层和应用层。每层都有自己独立的功能。

接入层：将用户连接至网络，集中用户业务将它们传递至目的地，包括各种接入手段。

承载层：将信息格式转换成为能够在网络上传递的信息格式，将信息选路至目的地。

控制层：包含呼叫智能。此层决定用户收到的业务，并能控制低层网络元素对业务流的处理。

应用层：在呼叫建立的基础上提供额外的服务。

这样分层最直接的好处就是可以让网络建设的分工更加明确，从而避免了以往的网络模式中应用与控制不能分离、控制与承载不能分离的尴尬局面。

看到这里，也许有的读者会感觉到，NGN 的结构和现在的互联网结构非常相似。的确，分层的思想在互联网技术上有着最好的体现。互联网本身就具有 7 层的架构，每一层的分工都相当明确。详细的分层保证了互联网良好的运作性能，不同的厂商与运营商分别面对其中不同的层次，这样就能在均分利润的同时让大家注重各自技术的发展，以及促进不同厂商之间的合作。而 NGN 正是工程师们充分借鉴了这个互联网的分层特点才设计出来的。

看到现在，也许你会问：现有的互联网不也能传递语音或者数据信息了吗？（国内外有好些厂家自己来开发网络电话业务，通过因特网来传递语音信息，以此来与传统的电信行业竞争）为什么一定要再建设一套全新的网络系统呢？

现在使用的互联网络建立的初衷是为传输数据而不是为传送语音或者视频所建立的网络。如果两台机器之间的信息传递发生错误的话，互联网会有相应的办法控制重新发送错误的消息，但会增加数据传递的时延。因此，尽管通过互联网传递数据的稳定性很高，但实时性并不好，并不适合用来传递语音信息。NGN 尽管沿袭了互联网的模式，但较好地解决了互联网的一些弊端，在继承了现在互联网优势的同时，解决了延时较大的问题。

在 NGN 中还有一个很重要的概念，那就是"软交换"。从技术的角度而言，软交换只是 NGN 网络的一个组成部分，它处于 NGN 的控制层。但是，"软交换"对于 NGN 的重要性，就类似于人的大脑对于一个人体。人的一切行为依靠大脑来判断执行，人的学习过程也依赖大脑，大脑在人体中起了一个举足轻重的作用。

那么，在整个 NGN 网络中，软交换为什么如此重要呢？

从层次上而言，软交换是属于控制层上的技术，这一层控制了低层网络元素对业务流的处理。简单而言，就是对不同的信息流加以不同的处理。人们用四个 W 来

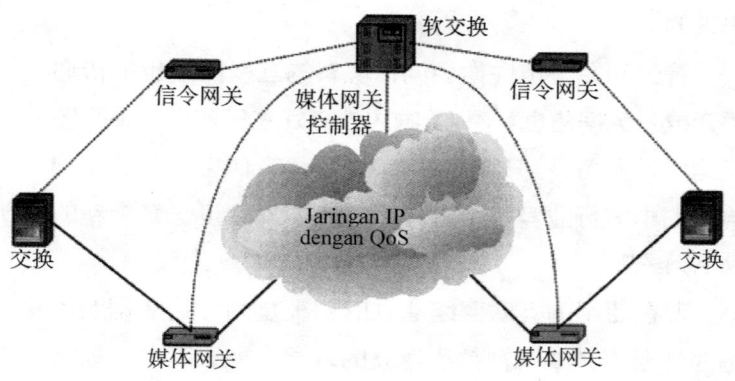

形容软交换的工作过程。

首先是"Who"。"Who"就是软交换应在通话之前先了解双方的属性,如发起方是否具有国际、国内的呼叫权限,接受方是否具有诸如呼叫转移类的业务。对用户的鉴权通过了,才可以做进一步的操作。

其次是"What"。"What"就是通过双方之间属性确定合适的通信方式和带宽需求,用户需要传递的是视频通信还是音频通信或者是传真。不同的通信需要的带宽是不一样的。只有把这点确认好,才能搭建出合适的线路。

接着是"Where"。"Where"的过程就是路由查询的过程,软交换经过分析思考,选择最佳的路径完成通信。

最后是"How"。就是将刚才"Where"分析出来的结果付诸行动。

(瞿　俊)

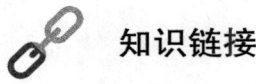 **知识链接**

发展 NGN 的意义

NGN 是基于 TDM 的 PSTN 语音网络和基于 IP/ATM 的分组网络融合的产物，它使得在新一代网络上语音、视频、数据等综合业务成为可能。是可以同时提供话音、数据、多媒体等多种业务的综合性、全开放的宽频网络平台体系，至少可实现千兆光纤到户。NGN 能在目前的网络基础上提供包括话音、数据、多媒体等多种服务，还能把现在用于长途电话的低资费 IP 电话引入本地市话，有望大大降低本地通话费的成本和价格。

NGN 具有：多业务（话音与数据、固定与移动、点到点与广播的会聚）、宽带化（具有端到端透明性）、分组化、开放性（控制功能与承载能力分离，业务功能与传送功能分离，用户接入与业务提供分离）、移动性、兼容性（与现有网的互通）。除此之外，安全性和可管理性（包括 QoS 的保证）是电信运营公司和用户所普遍关心的，也是 NGN 与目前的互联网主要区别。